U0121847

浙江理工大学2022年度基本科研业务费专项资金（22196227-Y）资助

浙江理工大学国际教育学院、国际时装技术学院、马兰戈尼时尚设计学院高质量教学科研成果资助

浙江省丝绸与时尚文化研究中心成果

奢侈与时尚

郑　喆　徐佳钰　庄　华◎著

LUXURY

AND

FASHION

ZHEJIANG UNIVERSITY PRESS
浙江大学出版社
·杭州·

图书在版编目（CIP）数据

奢侈与时尚 / 郑喆,徐佳钰,庄华著. —杭州:浙江大学出版社,2023.6
ISBN 978-7-308-23266-1

Ⅰ.①奢… Ⅱ.①郑… ②徐… ③庄… Ⅲ.①消费品市场－研究－世界 Ⅳ.①F713.58

中国版本图书馆 CIP 数据核字（2022）第 216920 号

奢侈与时尚
SHECHI YU SHISHANG
郑　喆　徐佳钰　庄　华　著

责任编辑	闻晓虹	
责任校对	汪淑芳	
封面设计	周　灵	
出版发行	浙江大学出版社	
	（杭州市天目山路 148 号　邮政编码 310007）	
	（网址：http://www.zjupress.com）	
排　　版	浙江时代出版服务有限公司	
印　　刷	杭州高腾印务有限公司	
开　　本	889mm×1194mm　1/32	
印　　张	8.625	
字　　数	180 千	
版 印 次	2023 年 6 月第 1 版　2023 年 6 月第 1 次印刷	
书　　号	ISBN 978-7-308-23266-1	
定　　价	45.00 元	

前　言

玛丽莲·梦露曾在《绅士爱美人》中高唱："钻石是女人最好的朋友。"奥黛丽·赫本也在《蒂凡尼的早餐》中，驻足于蒂凡尼的橱窗前久久不愿离去。而路过爱马仕专卖店的时候，谁不曾凝视着橙色皮革和闪亮的包扣，从玻璃的反光中，幻想自己背着限量版包包的样子？回想一下，你在学生生涯中购买过的最贵的"非生活必需品"是什么？是纪梵希的散粉、迪奥的香水、圣罗兰或者香奈儿的口红？还是一款千挑万选后才敢入手的蔻驰包包？你是否记得这些价格高昂、质量上乘的产品初次带给你的、只属于奢侈品品牌的神奇魔力？你一步步摆脱稚气，流连在各类商品和标志(logo)中，摸索着适合自己的时尚风格。又过了几年，也许你即将30岁，走出校园、适应了企业的节奏，逐渐在工作和生活间找到平衡，薪资的涨幅也十分可观，你不需要再像学生时代那样，靠着省吃俭用才能买得起奢侈品，银行卡里的余额足够让你去思考：我下一步该追求什么样的生活？彻底地升级当下的生活还不太可行，但多数人可能会从购买一两件新款奢侈品入手，为生活增添光彩，就像开启了一道通往消费自由的大门。于是,你打开形形色色的社交软件,点进关注列表里坐拥百万粉丝的时尚博主主页,试图为自己找到一款价格合理、经典而时尚的产品。你或许会被古驰的黑色皮革款小号绗缝肩背包吸引住目光,它经典雅致,似乎永不过时,最令人满意的还是位于袋盖处的双 G 字样,背着它通勤、逛街、和朋友聚会……你离心目中闲适又精致的完美生活好像又近了一步。

奢侈品,这一曾经是非凡之人的平凡之物,如今正成为平凡人所有的非凡之物,不再是成功人士或上流社会专享的用品或体验。美国著名经济学家托斯丹·邦德·凡勃伦(Thorstein Bunde Veblen)指出,在人与人之间"接触最广以及人口流动最大的社会里,以消费作为取得名声的手段及以此作为维持身份元素的坚持,更是发挥得淋漓尽致"[①]。因此正如上述故事中展现的,通过消费奢侈品,个体得以将自己与他人区分开来,在这个高度同质化与碎片化的世界中树立起独一无二的形象。作为消费的最高形式,奢侈品的吸引力往往在于其所拥有的历史与传承所带来的高度的象征性,以及其所具备的非凡创新能力和顶尖制造工艺。

而从奢侈品的含义出发对其进行解读,享乐主义始终是其词根意蕴所在。中文的"奢侈"一词出自《国语·晋语》:"及桓子骄泰奢侈,贪欲无艺,略则行志,假贷居贿,宜及于难,而赖武之德以没其身。"因此,可以将"奢侈"引申为过分挥霍和浪费财物的享乐主

---

①　凡勃伦.有闲阶级论:关于制度的经济研究[M].李华夏,译.北京:中央编译出版社,2012:70.

义生活。《汉语大词典》则将现代汉语中的"奢侈品"解释为非生活所必需的高级消费品。英文中的 luxury 一词最早源于拉丁文中的 *luxus*，表示"超乎寻常的创造力"和"浪费、无节制"；由 *luxus* 衍生而来的 luxury 一词原本意含淫荡(lechery)和情欲(lust)，比如在伊丽莎白时代，就将 luxury 一词与通奸相联系；而法语中的 luxe 则发展了通常对于奢侈品的联想，即财富(wealth)和放纵(indulgence)。随着社会的变迁，奢侈品与财富的联系进一步加强并最终发展为愉悦感官、不易获得、价格不菲且非必要的稀有物。沃尔冈·拉茨勒在《奢侈带来富足》一书中提出，奢侈是一种整体或部分地被各自的社会认为是奢华的生活方式，大多由产品或服务决定。现在，奢侈品在国际上的概念是一种超出人们生存与发展需要范围的，具有独特、稀缺、珍奇等特点的消费品，又称为非生活必需品。

根据"奢侈品"释义的演变，不难发现奢侈品是特定国家不同时代下的产物，被所处的时代赋予的不同含义的特点决定了其定义具有相对性。奢侈品过去服务于皇室贵族等上流社会人士，他们住在金碧辉煌的城堡或宫殿内，坐拥大量金银财宝，无须工作就能享受衣食无忧的生活。这种来源于继承制社会阶层的特权决定了绝对奢侈在本质上是一种炫耀型消费，也是对拥有者所属社会阶层的强调。[①] 但如今，每个人都能以不同的方式接触乃至获得

---

① 凯费洛.Kapferer 论奢侈[M].谢绮红，译.北京：机械工业出版社，2016：99-101.

不同类型的奢侈品,奢侈品的演变愈加走向大众化、民主化。这是由于工业社会的经济增长使消费趋于饱和,人们在物质上的基本需求得到了满足,因此转向奢侈品消费,渴望从中获得不同的体验。现在当我们谈及奢侈品时,更多情况下关心的是某个奢侈品品牌的标志或其花押字纹样(monogram),因为"符号消费"环境下奢侈品品牌已成为潜在社会阶层的标志,自我身份地位往往需要在与他者身份的比较中形成。因此,出于模仿"上"阶层,也就是通过追逐上流社会以提升自我的需求,购买奢侈品成为新兴阶层消费者自我延伸的一种手段和方式。

回顾历史发展进程,早在史前时代,作为阶层象征的奢侈品就初见端倪,比如原始社会晚期将服饰作为暗示所穿之人身份的途径之一。作为四大文明古国之一的埃及修建的金字塔、保存的木乃伊和在墓室中放入的大量奢华的陪葬物,是埃及法老们受到"灵魂转世"与"永生"等宗教信念的驱使而创造的大型奢侈品。① 中国封建社会时期的历代统治阶级则通过奢侈品对权力和等级加以强调,并通过颁布"禁奢"指令来防止中下层僭越身份。沈从文先生在其著作《中国古代服饰研究》中这样描述:"帝王且更加穷奢极欲,除彩色鲜明组织华丽的纳石失、绿贴可波斯式金锦外,还有外来细毛织物速夫(即琐伏)及特别贵重难得的紫貂、银鼠、白狐、玄

---

① 李鸿宇. 跨文化语境下的奢侈品文化现象研究——以"服装奢饰品"为研究案例[D].北京:中国艺术研究院,2017:32.

狐皮毛等。并在衣帽上加金嵌宝,更讲究的且全用大粒珍珠结成。"[①]无独有偶,古罗马也曾制定多项禁奢令以约束人民对享受奢华生活的欲望,其中包括禁止古罗马人穿着丝绸制成的衣服,而带来这一东方奢侈品的丝绸之路也可以被视为奢侈品首次国际化的证据之一。

在欧洲,以法国为代表,其作为现代奢侈品的发源地,有着深厚的奢侈品文化。法国国王路易十四推动法国宫廷铺张浪费、极尽奢靡的风气盛行一时。除了身穿装饰繁复的绸缎套装、头戴假发和饰有鸵鸟毛的帽子出席在凡尔赛宫举办的各类庆典,路易十四更是钻石爱好者,他衣物的纽扣和纽扣孔周围、帽子的别针、剑柄、鞋带,甚至吊袜带的纽扣上都布满了钻石。[②]由索菲亚·科波拉执导、克斯汀·邓斯特主演的电影《绝代艳后》(*Marie Antoinette*)以路易十六的妻子玛丽·安托瓦内特为原型,讲述了这位出生于奥地利的法兰西王后一生的故事。玛丽王后热衷于穿着华服、佩戴名贵首饰、装饰浮夸发型,还参与赌博、赛马和化装舞会,并乐于斥巨资改造宫殿住所。法国大革命前贵族们奢华糜烂的生活于此可见一斑。

可以说,我们对奢侈品初始的印象与理解恰是源自以上描述中皇室贵族与社会上流人士享用的物品和服务。随着尼古拉斯·

① 沈从文.中国古代服饰研究[M].北京:商务印书馆,2011:619.
② 德让.时尚的精髓:法国路易十四时代的优雅品位及奢侈生活[M].杨翼,译.北京:生活·读书·新知三联书店,2012:133-134.

巴尔本的奢侈品"去道德化"的提出，加之工业革命带来的变革，奢侈品开始以经济为出发点，并催生了现代奢侈品品牌的前身。18世纪末至19世纪中叶诞生的奢侈品均以家庭作坊的形式由手工制作生产，为皇室提供服务。其中不少发展为如今我们熟知的传统高端奢侈品品牌，包括皮具品牌爱马仕（1837）、路易·威登（1854）、罗意威（1846），钟表品牌江诗丹顿（1755）、百达斐丽（1839）、欧米茄（1848），珠宝品牌尚美（1780）、蒂芙尼（1837）、卡地亚（1847），以及服装品牌博柏利（1856）等。

奢侈品与现代高级女装定制的密切关系也发轫于这个时期。1858年，英国设计师查尔斯·沃斯推出高级定制女装，定时举办时装发布会，并将标签缝于服装之上，这被视为现代服装商业化的前奏。在二战前传统奢侈品的黄金时代里，凡勃伦论述的"有闲阶级"得以形成。经济上的富裕给予了他们追求生活品位的能力，使香奈儿（1910）、夏帕瑞丽（1927）、维欧奈特（1922）等时装精品屋获得发展。这些精品屋为上层社会的名媛提供手工制作的时髦精美服装，使用上等的面料并装饰以繁复的刺绣、钉珠等工艺。二战后更是涌现了一批推动现代时尚进程的高级定制品牌，如巴尔曼（1945）、迪奥（1946）、纪梵希（1952）和圣罗兰（1962）等，购买时装成为当时女性凸显身份与品位的重要社交活动之一。而随着品牌许可的出现，时装品牌的香水业务水涨船高，而香水业务的迅速扩张则直接导致了高级女装产业走向凋零，这意味着传统奢侈品的一个重要时期结束了。①

　　随之而来的是多品牌奢侈品集团的出现，并形成了全新的奢侈品发展模式。得益于战争后的和平年代经济的腾飞和科技的进步，新富阶层接受良好教育，形成对品质生活的追求，同时拥有可观的自由支配收入并乐于进行自我投资，通过购买奢侈品可以满足其虚荣心和获得身份认同。企业大亨及金融家察觉到该消费趋势下发展奢侈品品牌的商机，部分原本家族化的奢侈品品牌为适应市场的变化，也开始通过上市开启公司化进程。相继形成的以LVMH集团、历峰集团、开云集团为首的多品牌奢侈品集团通过兼并收购改变了行业规则。发展品牌开始成为能否存留的关键，因此奢侈品纷纷开始瞄准新的目标消费群体，宣扬奢侈品"大众化""民主化"的概念以占领中间市场，除了拓展拥有庞大中产阶级的美国市场，也开启全球化进程。

　　发展至今，奢侈品行业早已不再是极少数人的生意，而是品牌经过战略布局与精心策划的产物，当然，也是不可避免的时代与阶层变动的结果。过去只能是平民可望而不可即之物的奢侈品，现已演变为中产精英阶层用以炫耀财富，以及城市新进入者获得身份认同和提升地位的标志物，并不断与生活方式、独特趣味相关联。以往的奢侈品是为特权人士献上的他们习以为常的产品，但现在其实是为普通人献上的难以获得的珍贵产品。如今奢侈品行业的关键在于市场推销、产品加工、企业合并、交易量和交易效率。

---

①　托马斯.奢侈的![M].李孟苏,崔薇,译.重庆:重庆大学出版社,2011:39-40.

尽管受到经济危机、社会改革与战争的影响,但个人奢侈品市场总体依旧呈现增长态势。2018 年,全球奢侈品市场销售额实现 5％的增长,达到 1.2 万亿欧元,个人奢侈品销售额则增长 6％,达到 2600 亿欧元。① 与此同时,业绩的增长也为奢侈品行业带来了一系列潜在挑战:大众化的奢侈品应当如何维持排他性并继续吸引消费者为其高溢价买单? 奢侈品品牌在进行产品延伸时如何做到其独特性和可接近性的平衡? 奢侈品集团化趋势下,面对股东要求业绩增长的压力,品牌能否坚守住传统? 以及面对互联网浪潮,有着深厚传统的奢侈品品牌是否需要选择激流勇进?

---

① Sherry Wang,陈舒. 中国消费者还能撑得起奢侈品牌的野心吗?[EB/OL]. (2022-05-30)[2019-01-04]. https://36kr.com/p/5170691.

目　录

第一篇

奢侈品行业的前世与今生

第一章　现代奢侈品行业的形成

路易·威登（Louis Vuitton）、爱马仕（Hermes）、古驰（Gucci）、香奈儿（Chanel）、迪奥（Dior）……这些品牌的标志已成为深入人心的奢侈品的代名词，这说明消费者不再为奢侈品本身买单，而是对奢侈品代表的内容进行消费，比如路易·威登传递的旅行精神和艺术，又或是香奈儿代表的自信独立女性形象。这是以伯纳德·阿诺特（Bernard Arnault）为首的精通商业运作的财团大亨通过打造多品牌奢侈品集团，从而发展出全新的奢侈品商业模式的结果。这些品牌在被收归奢侈品航母旗下，成为价值数十亿美元的大公司和大品牌之前，均是由以创始人名字命名的个人店铺发展而来的。这些个人店铺最初为皇室打造精致的手工产品，或是向社会名流出售定制产品，经过其第二、三代家族继承人的经营初具规模，并在所属领域获得良好声誉。因此，奢侈品集团以这些家族品牌所具有的深厚文化与悠久历史为立足的前提与基础，并通过为其注入庞大资金有效提升了产品销量和品牌知名度。除此之外，奢侈品集团还将收购兼并的目标锁定在那些具有潜力的年轻品牌之中,以期实现集团的丰富性与多样化,维持集团的创新与活力。尽管奢侈品集团化是大势所趋,但其中也有部分品牌保留家族经营的模式成功发展至今,并且更专注于其品牌传承。

一、起源:18 世纪末至 19 世纪的欧洲皇室

欧洲向来具有使用奢侈品的传统。横贯欧亚大陆、连接东西方贸易的丝绸之路就从侧面印证了欧洲对奢侈品的渴求。欧洲向东方寻求宝石、丝绸和香料,当时中国的丝绸一度成为罗马帝国昂贵的进口奢侈品,丝绸之路也由此被国际学者认为是奢侈品首次国际化的案例。[①] 而 15 世纪以来的地理大发现和殖民主义使得奢华和享乐主义生活方式开始在欧洲上层社会滋生,其中,17 世纪"太阳王"路易十四统治期(1643—1715)内的法国成为奢侈消费的最典型代表。[②] 路易十四极力推崇奢华时尚、纵情欢愉的观念,使时尚成为大众的追求,将法国变为时尚之城与消费之都,他本人更是被视为引领当时潮流的偶像。他对钻石的狂热极大地推动了当时奢侈品市场的发展。而兴建于此时的凡尔赛宫壮丽恢宏非常,其作为奢华的皇家园林,是当时统治阶层的享乐场所。凡尔赛宫除了内部有着金碧辉煌的装潢和名贵家具,还陈设有价值不菲

---

① 阿肖克·颂(Ashok Som)、克里斯蒂安·布朗卡特(Christian Blanckaert)在《奢侈品之路:顶级奢侈品品牌战略与管理》中提到了这一观点。

② 王海忠,王子.欧洲品牌演进研究:兼论对中国品牌的启示[J].中山大学学报(社会科学版),2012,52(6):186-196.

的艺术作品，外部占地面积达 100 公顷的法兰西花园则是融合了
花草树木、河流湖泊、雕塑、喷泉等诸多元素的独特胜景。

同时，文艺复兴加之 18 世纪 60 年代的工业革命也为欧洲自
19 世纪末至 20 世纪 50 年代诞生的奢侈品提供了诞生的土壤和
发展的空间。文艺复兴将人性从神权中解放出来，提倡个性与自
由，人们的消费观念也随之转变。比如意大利富有的市民和贵族
热衷于消费，大肆购买各种精美的艺术品和奢侈品，相习成风。①
而 18 世纪发生的工业革命带来生产效率的大幅提高，促进了欧洲
各国经济迅速发展，催生了兼具原先贵族品位与现代工业文明特
征的经典奢侈品品牌。

这些品牌创立之初，往往是为了满足上流社会对优越生活的
需求。通过手工制作与专属定制的形式创造的产品被赋予了稀缺
性与艺术性，匠人与顾客之间也由此形成了独特的联结。19 世纪
中期，皇室成员和上流社会掀起了旅行的高潮，有身份的人出门旅
行常常要花费几个月的时间，多者可能要携带 50 个行李箱②，这
为路易·威登的发展带来了机遇。

1854 年，路易·威登（Louis Vuitton）在巴黎卡普西纳街
（Neuves-des-Capucines）开设了属于自己的店铺——一个制作旅
行皮箱并提供装箱服务的小型手工坊。在此之前，13 岁的路易·

---

① 刘明翰，王挺之，刘耀春.欧洲文艺复兴史：城市与社会生活卷[M].北京：人民
出版社，2008：10.

② 李飞，贺曦鸣，胡赛全，等.奢侈品品牌的形成和成长机理：基于欧洲 150 年以
上历史顶级奢侈品品牌的多案例研究[J].南开管理评论，2015，18(6)：63.

威登离开家乡——一个位于法国东部阿尔卑斯山脚下的小村庄，只身前往巴黎寻找机会。他在当时上流社会首选的皮箱工匠马雷查尔（Marechal）的店内做学徒，其间被任命为拿破仑三世（Napoléon Ⅲ）的皇后欧仁妮·德·蒙蒂霍（Eugénie de Montijo）的御用装箱工和皮箱制造商。在开店四年后，路易·威登推出了第一款行李箱。不同于当时传统的半球形箱盖，这款名为"特里亚农"（Trianon）的行李箱顶部和底部均为平面，以方便堆叠运输，同时采用了防水的灰色棉质帆布。路易·威登对行李箱的创新设计得到了其忠实客户欧仁妮皇后的青睐，这意味着其获得了代表着至高荣誉的皇室的肯定，极大地推动了其事业的发展。路易·威登随后于19世纪60年代在巴黎市中心开设了世界上最大的旅行用品商店。

除了旅行，赛马也是当时上流社会流行的社交娱乐活动。与路易·威登诞生于同时期的爱马仕、古驰就是依靠马具起家的（它们在预见到汽车的发展将导致马车淡出历史之后才将重心转移至皮具生产），爱马仕的双座马车商标和古驰标志性的设计元素马衔扣就是品牌渊源的证明。当时欧洲皇室贵族都成了这些品牌的客户，由此奠定了其作为奢侈品服务于上流社会的传统。

珠宝首饰因其自身所具有的价值向来被视为奢侈品，其作为身份地位的体现是当时社交场合必不可少的配饰。以珠宝和钟表起家的奢侈品品牌卡地亚早期大量的钻石珠宝设计就洋溢着当时欧洲皇室钟爱的新古典主义风格，卡地亚还被爱德华七世誉为

"皇帝的珠宝商,珠宝商的皇帝"。

二、一个重要时期:20 世纪的法国高级定制

19 世纪的欧洲迎来了高消费时代,首先是通过海外殖民积聚了大量财富,其次是 19 世纪下半叶的工业革命使其生产力水平在全世界范围内跃居领先地位,资本主义世界体系最终得以形成。随之而来的自由主义作为经济增长的驱动力对贸易和奢侈品十分有利,而与这种蔓延的自由主义并行的是奢侈品和道德的分离,这为奢侈品崇拜和奢侈品消费提供了一个哲学上的辩解。[①] 同时,资本主义社会通过各种运作激起民众对商品产生幻想,进而强化消费的欲望,而奢侈品成为中产阶级在民主时代模仿贵族日常生活的工具[②],也被视为通往上层阶级的门票。托斯丹·凡勃伦(Thorstein Veblen)曾提出"仿效理论"来阐释奢侈品消费的心理机制:"在贵族精神和绅士文化的影响下,18 世纪英国社会各阶层都存在仿效心理,不同等级贵族之间有仿效,中产阶级仿效贵族阶层生活方式,社会下层仿效中产阶级生活与消费行为等,从而形成全社会的消费之风。"[③]奢侈品自此开启了民主化的进程,不再是极少数特权阶级的专属。

---

① 黄雨水.奢侈品品牌传播研究[D].杭州:浙江大学,2011:27.
② 郭姵君.奢侈品品牌资产研究[D].上海:复旦大学,2008:19.
③ 曹瑞臣.近年来西方学界对英国消费社会兴起问题的研究[J].世界历史,2014
(6):112.

1. 高级时装之父——查尔斯·沃斯(Charles Worth)

19 世纪末,王权逐渐走向没落,新兴资产阶级,如工商业资本家等,成为消费主体。由于他们成就社会地位的方式不再是世袭与继承,没有来自王公贵族的声誉和家族传统来帮助他们树立与之财富相符的形象,于是他们向艺术品经销商、建筑师、服装设计师寻求帮助,试图通过购买艺术作品、修建住宅、购置时尚衣着等精神和物质上的消费显示自己精致生活的品位,从而使通过财富购买到的身份获得承认并得以维持。德国社会学家齐奥尔格·齐美尔(Georg Simmel)认为,通过具有外观表现力的服装的流行,社会各成员可以实现个人同社会整体的适应过程,从而实现其个性的社会化,而社会整体结构的运作,也可以借助服装的流行作为文化桥梁或催化剂,将个人整合到社会中去。[①] 当时的女性尤其留意流行着装,时尚的风气以法国的高级定制为中心向欧洲各国辐射,而来自英国的设计师查尔斯·沃斯得益于此,发展并壮大了他的设计事业。

1858 年,查尔斯·沃斯在法国巴黎开设了第一家真正意义上的高级时装屋——沃斯时装屋(Worth et Bobergh)。沃斯时装屋位于皇宫附近,在布满豪华公寓的和平街上,设计、制作并销售以上流社会人士为对象的精致服装。沃斯之所以被誉为"高级时装

---

① 西美尔. 时尚的哲学[M]. 费勇,吴苒,译. 北京:文化艺术出版社,2001.(西美尔即齐美尔,本书正文皆使用更普遍的译名齐美尔。)

之父"，恰是因为他开创了一种全新的定制模式，即现代高级定制女装（Haute Couture）。有别于此前受雇于宫廷、为皇室服务的私人裁缝在设计上并无发言权的状况，在沃斯的沙龙式的时装屋内，他将设计完成的系列礼服以模特穿着的形式进行立体展示，并辅助以独特的室内陈设和照明，之后将顾客选中的礼服款式根据其尺寸进行手工制作。除此之外，他也是第一个把签名标签缝制在衣服上的设计师，以此强调他作为设计师的身份，这为现代时装强调的辨识度和认知度奠定了基础。

在沃斯时装屋受到拿破仑三世的皇后欧仁妮的青睐后，欧洲各国皇室贵族、社会名媛都纷纷慕名而来，成为沃斯时装屋的顾客，其中当然也包括新兴资产阶级。沃斯也清楚地认识到其所处的时代资产阶级占据了越来越重要的地位，时装作为炫耀性消费的直接表现，是他们用以炫耀资本的工具。他慷慨用料，使用丝绸、雪纺和薄纱，装饰以精细的褶边、蝴蝶结、缨穗和刺绣工艺，注重服装的结构、色彩和艺术性，并经过耗时耗力的制作过程，形成华丽繁复的设计风格，最后贴上高不可攀的价格标签，以迎合资产阶级的消费需求。沃斯还创建"女装沙龙马车"，使高级时装的式样流行开来；举办季节性的时装发布会，并邀请上流社会人士光临现场，以此提升店铺的知名度。当时接受服务的女士们放下身段，乐意接受沃斯的评价并接受对其形象的塑造，相信穿上经由他别出心裁地设计并使用精湛技艺制作的礼服能够在各种场合凸显她们优雅迷人的身姿。

2. 高级时装的成熟

查尔斯·沃斯的高级女装在 19 世纪推动(法国)奢侈品界掀起革命,"时尚艺术"开始兴起,人们开始用新的符号来显示他们的财富。一战后,新诞生的品牌,如保罗·波烈(Paul Poiret)、香奈儿和夏帕瑞丽(Schiaparelli)等,则成为法国时尚艺术的代表,为其创意赋予了产业价值。[①] 因此,高级女装被视为现代奢侈品行业的主要源头之一,也成为开启新纪元的重要力量。

首先是保罗·波烈,20 世纪第一位真正意义上的设计师,也是时装史上首位"革命家"。他将妇女从紧身胸衣和厚重裙衬中解放出来,推出高腰身细长形的轻便礼服,奠定了 20 世纪流行的基调。在"装饰艺术"运动(Art Deco)影响下,他还将大量的东方元素融入设计,相继发表了孔子式大衣、土耳其式裤子、和服式开襟外套等样式,并且在女士裙摆上加入了开衩的设计以方便走动。如今的服饰类奢侈品品牌热衷于将品牌理念包装为生活方式,并在此基础上延伸产品线,而波烈在 20 世纪就已经极大地扩展了高级时装业的经营范围,发展出高级时装的附属产业,比如首次推出了时装香水。

一战后,加布里埃·香奈儿(Gabrielle Chanel),连同维奥内特(Vinonet)、朗万(Lanvin)、艾尔萨·夏帕瑞丽(Elsa

---

① 颂,布朗卡特. 奢侈品之路:顶级奢侈品品牌战略与管理[M]. 谢绮红,译. 北京:机械工业出版社,2016:152.

Shciaparelli)等一批知名设计师取代了保罗·波烈,开始引领潮流。被誉为"时尚先锋"的香奈儿无疑是此时最为突出的设计师之一,法国作家安德烈·马尔罗(André Malraux)更是将她与前法兰西共和国总统夏尔·戴高乐(Charles de Gaulle)、西班牙艺术家毕加索(Picasso)齐名。

20世纪初的大部分女性依然穿戴着装饰繁复、式样保守的服饰,但显然她们已经开始厌倦巧饰的花边和宽大的裙摆了。制帽店是香奈儿传奇事业的起点,她以观赏赛马时所戴的特制平顶草帽为基础,创作出简洁却耐看的帽子。她大胆的设计很快就得到名流客人的欣赏,这种轻松自然的设计风格也延续到其时装设计之中。1914年的法国,贵族们热衷于前往多维尔海滨圣地,参加游泳、打马球、板球、高尔夫球等户外项目,而先前宽大拖沓的装束在这些社交场合早已显得格格不入。香奈儿所设计的简约轻盈的运动装,正迎合了社会生活方式改变后,女士对便于行动、摆脱束缚的服装的需求。她以20世纪20年代盛行的实用主义和功能主义为理念,追求舒适和便于行动,将裙长缩短,省去繁复的装饰,使用深暗色或中性色调,以平直的轮廓代替强调胸、腰、臀的曲线,打破固有性别思维定式,创造出富有机能性的男式女服。小黑裙和斜纹软呢套装至今仍是经典。就此,香奈儿改变了时装设计的规则。她始终认为追求自然才会彰显女性的特性,"女人不是为她们的丈夫,而是为自己而穿衣打扮"。

"奢华的反义词是粗俗,奢华也不代表崇高的地位。奢华与衣着展露个性但也能自在生活。它给予人们自由,使之摆脱旧习,不再麻木生活。奢华是自由,奢华是优雅,真正的优雅即是拒绝。"(可可·香奈儿)于香奈儿而言,奢华是一种精神上的需求,但这种奢华是低调而不粗俗的,因而她的设计呈现的是简约与内敛。一战导致布料供应短缺时,她使用原本应用于男性内衣的毛针织物制作出诺曼底渔夫式的套装;在服装配饰上,她第一个改变了长期以来把服饰品的经济价值作为审美价值的传统观念,教给人们如何用人造宝石来装饰自己,把人造宝石大众化,把服饰品的装饰作用提到首位。[①] "在那个华丽年代,奢侈品太易得,而这些服饰珠宝反而没有真珠宝的傲慢。"

　　1929 年由美国引发的世界范围内的经济危机,导致了失业率的持续上升,威胁到各阶层人群原本安乐的生活,各行业也都出现经营惨淡的状况,作为巴黎高级时装主要客户的贵族精英等上层阶级不少也濒临破产,而香奈儿的时装事业却凭借 5 号香水得以维系。笼罩在当时经济大萧条的阴霾之下,人们在服装上的偏好又转向成熟优雅的女性气质,细长型的女装款式成为主流,裙长降至脚踝处,腰线也回到自然的位置。1934 年在凡都姆广场开设同名高级时装店的艾尔萨·夏帕瑞丽出身意大利贵族,她成为香奈儿在 20 世纪 30 年代有力的竞争对手,很多巴黎贵族豪门女性都纷纷转投至夏帕瑞丽的时装店,认为她的设计更具有时代感与典雅品味。夏帕瑞丽往往使用强烈浓郁的色彩——罂粟红、紫罗兰

---

　　① 　所云霞. 高级时装历史与发展研究[D]. 天津:天津工业大学,2005:13.

和"惊人的粉红",当时的人这样评论道:"她具有马蒂斯(Matisse)的风格。她确实给平直、黑色的 20 年代带来了新的活力。"她的设计风格受到当时许多艺术流派的影响,尤其是超现实主义风格。1937 年,夏帕瑞丽与西班牙超现实主义画家萨尔瓦多·达利(Salvador Dali)合作,诞生了其最著名的"龙虾裙"礼服(the Lobster Dress)——在白色礼服裙摆上赫然而立一只巨大的红色龙虾。夏帕瑞丽凭借充满想象力的大胆创新设计、活泼又带有戏谑意味的服装风格,给巴黎时装界带来了新气息,开创了高级女装新篇章,成为二战前夕最受欢迎的时装设计师之一,而她中等规模的工作室也影响了当时巴黎的高级时装产业。夏帕瑞丽是第一个采用授权特许经营制的品牌,其在 1940 年和美国的一家丝袜公司凯设尔(Kayser)签订了合作协议,推出了带有粉红色包装的丝袜。

二战前活跃于巴黎这个世界时装中心的设计师们,使女装发生了划时代的大变革,加速了女装的现代化步伐,而巴黎高级时装业也由此进入了稳定发展的成熟期。

3. 20 世纪 40—50 年代:二战后的新生

如果说 19 世纪末 20 世纪初见证了第一批当代法国奢侈品(路易·威登、爱马仕、卡地亚)的涌现,两次世界大战期间的香水(香奈儿 5 号)见证了奢侈品的第二次崛起,那么奢侈品真正突飞猛进并成为一种独立的行业则是在二战后(1945—1949)。二战后,西方世界百废待兴,正面临着一个革命性的转折点,实行马歇尔计划的西欧迎来了经济的高速增长时期。而此时西方工业国家的中间阶层队伍逐渐分化,现代企业中的管理人员、社会机构中的专业人员和商业销售人员崛起,并成为新中产阶级中的富有阶层,开始与原来的旧中产阶级(占有一定生产资料的小企业家、小业主、商人和农场主等)划分等级。① 加之经历物资匮乏的战争年代,奢侈品成为试图忘却战争痛苦的人们的慰藉,使得奢侈品行业也再次迎来繁荣发展的机会。

高级时装业尽管从大萧条时期就开始日渐衰退,二战时也面临众多时装屋纷纷关闭的低潮状况,但由于纳粹分子对其苛求,并将其孤立于国际市场,高级时装反而获得了相对自由的发展空间,并没有因为战火走向终结。二战后,高级时装更是成为经济发展的受益者,也是当时富裕阶层女性日常生活中的一部分。高级时装业在发展最为鼎盛之时,形成了超过 100 家高级时装手工坊的规模,在全球拥有 20 万名女性消费者。除了二战期间被迫关闭的时装屋重新开张外,新的高级时装品牌也相继诞生,并就此开启一个新纪元:首先,高级时装脱离了"手工艺"的行业体系,通过品牌化获得声誉,而时装设计师则成为引领时尚的重要角色,改变了过去以权贵阶级为中心的时尚发展形式;同时,高级时装界形成以迪奥、巴黎世家(Balenciaga)②和巴尔曼(Balmain)为代表的主体品

---

① 周小仪. 中产阶级审美幻象与全球化阶级冲突[J]. 外国文学,2016(2):102.

② Balenciaga 作为品牌现一般译作"巴黎世家",作为品牌创始人的名字时,本书中译为"巴伦西亚加"。

牌外,也开始接纳了一批颇具才华的年轻设计师,如于贝尔·德·纪梵希(Hubert de Givenchy)、伊夫·圣罗兰(Yves Saint Laurent)、皮尔·卡丹(Pierre Cardin)等。

此时,美国已成为世界上最强大的国家,欧洲的世界中心地位不再,英、美时装界就此认为巴黎不再引领时尚。但法国设计师克里斯汀·迪奥(Christian Dior)于1947年创造的"新样式"(New Look)一经推出便席卷全球,在使高级时装迎来黄金时代的同时,也令巴黎高级定制时装业重拾权威。英国的时尚杂志 *Vogue* 曾这样描述当时的流行:"英国服装界已经具备相当水准,但即使如此,我们在整个50年代,还是始终以巴黎为强调重点。相对于巴黎的权威角色,我们始终以追随者的步调展开行动。"由此可见,时尚界再次迎来了"巴黎时代"。

在法国企业家马塞尔·布萨克(Marcel Boussac)的资助下,迪奥于1946年在巴黎蒙田大道30号(30 Avenue Montaigne)的私人住宅中创立了迪奥时装屋(The House of Dior)。在意识到"回归女性化的时装"是这个时代的呼唤后,迪奥于1947年推出的第一个系列,就恰好迎合了二战后女性所渴望的风格——利用胸罩、紧身衣、臀垫和裙撑塑造并强调女性身体的曲线,呈现圆润自然的肩线、丰满的胸部、纤细的腰身,而下半身是平均用料20码(约18米)的宽大裙摆。这种花冠型的"新样式",结束了自二战以来军装式的女服样式,被称为"追回失去的女性美的伟大艺术家的作品",充分强调了源于法国文化的高雅传统。

　　"新样式"成为一个在社会学、美学及商业中从未出现过的奇迹，让迪奥迅速获得了广泛的国际声誉。但迪奥深知时尚的本质即是转瞬即逝，于是他利用积累的国际威望大力发展品牌。在严格维护品牌声誉的前提下实现有利的扩张，成为迪奥发展的策略。首先是 1947 年底建立香水子公司。接着，当同行还在对"品牌扩张"持观望态度时，迪奥已先后进行了数次授权特许经营，除了将纸样或样衣出售到美国的百货公司以进行复制和销售，还授权纽约的尊崇（Prestige）公司和丝质斜纹面料（高级时装专用面料）生产商使用其名字设计、批量生产并分销丝袜和领带等大众产品。1948 年，位于纽约第五大道 730 号的"迪奥·纽约"（Dior New York）高级成衣店开业，面向的是更广阔的美国市场。1955 年，迪奥还将时装总店搬迁至弗朗索瓦一世大街 13 号，在更大的空间内出售更丰富多样的产品，包括平针的精细针织物、粗毛线衫、背包、腰带等各种服饰，还有各式高级礼品，如用来装手套的香味套子、带花边的丝绒镜框、玳瑁纸巾盒、旅行袋等。① 至此，迪奥开创了高级时装业务这一种全新的革命性商业模式，也让迪奥这个品牌在创始人去世后得以传承延续。

　　强调女性身体曲线的魅力并不是当时唯一的时尚主题，也不能概括所有设计师的风格。除了香奈儿，还有巴伦西亚加和巴尔曼这两位 20 世纪 50 年代的知名高级时装设计师极力推崇简约的

---

　　① 戈巴克.亲临风尚［M］.法新时尚国际机构，译.长沙：湖南美术出版社，2007：98-103.

服装设计美学。

著名时尚评论家科林·麦克道尔(Colin McDowell)认为,"现代女性总以某种形式穿着巴伦西亚加的设计",巴伦西亚加对现代服装的影响足以令其被称为"现代时尚之父"。迪奥也给予巴伦西亚加极高的评价:"高级定制就好像一个管弦乐队,而只有巴伦西亚加才是乐队中的指挥家,我们其他人都只是按照他的方向而行的音乐家罢了。"克里斯托瓦尔·巴伦西亚加(Cristobal Balenciaga)于 20 世纪 30 年代中后期创立了自己的高级女装公司,在此之前,他已经分别在圣塞巴斯蒂安和马德里开设了制衣坊。这位来自西班牙巴斯克的时装设计师,精通剪裁与缝纫,能将工艺细节巧妙地隐藏在服装轮廓之下,这得益于他对当时同时代传奇设计师们的作品的拆解研究,并将这些技巧融入自己独特的设计基因。不过,这位前卫的剪裁大师在 20 世纪 50 年代之前推出的大多是华丽的极繁风格礼服,二战后才发展出具有建筑感、突破身体曲线界限的剪裁。他创造的许多造型都突破了以往传统的女性审美,比如将膝盖以下的裙摆做收口处理的"桶形"(barrel line)连衣裙,前部塑造曲线、后背却极为宽松的"半合体"(semi-fitted)造型外套,细长直线型的丘尼克(Tunic)套装,呈现 V 形走势自由褶的无袖宽松裙装(chemise),彻底解放腰部的茧型造型布袋装(sack dress)。[①] 这些样式都与当时强调女性曲线的合体造

① 张一君. 关于 Cristobal Balenciage 设计的研究[D]. 北京:北京服装学院,2012.

型截然不同，反映出巴伦西亚加对剪裁与面料、比例与廓形、工艺与细节等各个要素的精通。这些设计作品不只在 20 世纪 50 年代的欧美时装中占有一席之地，时至今日，众多设计师的设计理念与方法也都从中受到启发。

较之迪奥，巴伦西亚加面向的顾客是处于金字塔更顶端的富有之人，包括了西班牙、比利时、摩洛哥等欧洲各国的王室贵族和美国的名门精英贵妇。但事实上，不论是巴伦西亚加还是迪奥，于他们而言，此时最大的客户已不再是这些上流社会的权贵，而是来自美国的成衣制造商。但不同于迪奥通过品牌的授权特许经营而建立起一个巨大的跨国性商业帝国，巴伦西亚加依旧坚持"绝不会降低我的艺术水准"的观念，他深知其大部分的时装作品无法通过机器生产达到理想的艺术性效果，因此他并未授权以其名字开发成衣系列。他每季系列中少数几件偏成衣化的设计作品在美国厂商购得翻版权后，巴伦西亚加对其生产制作也会提出必须达到分毫不差程度的严苛要求。而成衣厂商往往乐于执行其要求，并解决技术困难和材料稀缺等问题，原因在于巴伦西亚加的设计一经面市就会收到接下来多次的补货订单。

知名法国设计师皮埃尔·巴尔曼（Pieer Balmain）秉持只有简洁的设计才能使服装呈现出理想中的优雅的观点，而之前学习建筑的经历使得他的设计映射出建筑与服装的关系，并通过服装的结构来强调高级时装之美。他曾经批评美国第七大街的着装风尚由于过分追求装饰与华丽的风格而显得俗气不堪。作为高级时装设计师,他并不刻意追求时尚本身,因此他所提供的是优雅而精致的服装:纤瘦细长线条的日间正装,伞裙造型的晚礼服,将披肩作为配饰,同时将皮草材质和刺绣面料运用于设计之中。20 世纪 60年代之前,时尚还未成为大众的追求,因此法国时装秀的前排出现的往往是世界级哲学家、艺术家等知识分子。巴尔曼的第一场时装发布会于 1945 年 10 月 12 日在弗朗索瓦一世街(Rue François-Ier)的沙龙内举行。发布会取得了巨大反响,原因之一是到场的美国作家格特鲁德·斯坦(Gertrude Stein)在发布会后为 *Vogue*所撰写的文章中写道:"我想在开幕式上,我们是唯一在这么长的几年里都穿着皮埃尔·巴尔曼的衣服的人。我们为此感到高兴和自豪。"在此之前,还没有一个高级时装设计师在开始其职业生涯之时,获得过世界级文学家的助力,巴尔曼也因此得以享誉巴黎时尚界。而此后巴尔曼能够在法国高级时装历史中占有一席之地,更重要的原因在于他是最早看到美国市场潜力的巴黎女装设计师之一。早在 1949 年,巴尔曼就在纽约开设了一家精品店。到1951 年,他已在纽约创立公司并在全美各地发展了自己品牌的分支机构,以出售成衣系列。他推出的披肩、晚装和带外套的连衣裙都成为独特的时尚趋势,而这些设计都融入了巴尔曼运用在高级时装之上的低调与优雅的美学理念。除此之外,巴尔曼也是当时为剧院、芭蕾舞团、电影院以及皇室提供设计的极少数法国时装设计师之一,他还于 1947 年推出了香水"清风"(Vent Vert),并大获成功,"清风"也成为该时装屋在 20 世纪 40—50 年代最赚钱的香水。

4. 高级成衣的出现

高级定制时装在充满浪漫气息的 20 世纪 50 年代最大限度地延续了理想主义的精英气质。作为奢侈品,高级时装在引领时尚的同时依旧以较高的姿态出现,它和世界上最著名的时尚偶像们、最尊贵的王公贵族们的名字联系在一起,与大众完全脱离。① 然而,随着社会礼节日渐淡化,日益明显的女装非正式性趋势成为高级时装逐渐衰落的前兆。同时,战争造成了欧美国家在社会观念与结构上的变革,女性步入社会就业使得服装真正完成了现代化的转变,现代成衣业因此获得了发展的空间。20 世纪 50 年代的美国已经形成了现代意义上的成衣(ready-to-wear)生产体系,而其最主要的客户是美国中产阶级女性,她们凭借超强的购买力成为世界消费的主力军。二战时,大批量快速生产服装的需要推动了美国成衣制造业的形成;而在二战后,承受的经济损失较小的美国作为战胜国,随着经济的迅速复苏,其成衣业也得以再次率先起步。

而在"动荡的 60 年代"(swinging sixties),一场由青年人主导的呼唤民主、自主与平等的社会革命给高级时装带来了前所未有的冲击。青年人的突发热情和欲望造就了丢弃与消费的社会,以巨大潜力呈现增长态势的青年消费市场致使时尚的更新周期大幅

---

① 王婷婷. 西方高端女装产业发展脉络分析[D]. 长春:东北师范大学,2015.

缩短,有力地推动了时装朝着成衣化、风格化、民主化的方向发展。这场"青年风暴"不仅打破了由巴黎高级时装引领时尚的格局,还催生了一批来自英国伦敦的年轻设计师,他们极富创意的青春风貌(young look)很快席卷欧洲,比如玛丽·奎恩特(Mary Quant)推出的前卫风格的迷你短裙。英国因此在 20 世纪 60 年代中期开始在国际时装界拥有了发言权,其国内成衣业也迅速成长起来。而二战前并无高级时装传统的意大利也在二战后凭借其强大的制造业基础加速了成衣市场的发展。除了通过生产迎合市场的成衣以取得国际成衣市场的份额(其中大部分是来自美国的订单),以艾米里奥·普奇(Emilio Pucci)为代表的意大利成衣设计师利用小规模的工业化生产,设计出品质精良、制作工艺水准高的成衣,使意大利时装开始在国际上崭露头角。①

纵观整个 60 年代,成衣业的异军突起和"青年风暴"的高涨致使高级时装的顾客数量锐减,许多高级时装店都因难以维系经营而相继关闭,巴伦西亚加就于 1968 年永远地关上了他的时装屋。据统计,1962—1967 年,高级时装屋的数量骤减了 23 家(占比约42%),而 1968 年 5 月法国的"五月风暴"更是对高级时装造成了致命打击。在高级时装日益萧条的情况下,20 世纪 60 年代的法国设计师开始积极开拓高级成衣这一领域。如今为人所熟知的不少全球性奢侈品品牌正是在此契机下初具规模。不同于以往设计

---

① 郭建旭. 现代成衣的历史发展及其产业状况研究[D]. 天津:天津工业大学,2002.

师制作高雅精致的时装兼卖香水和配饰的模式,在此时形成的行业趋势下,时装不再是设计师获取利润的主要来源,而是一种吸引消费者的推广方式,品牌价值在此基础上通过产品延伸被创造出来。

活跃于该过渡阶段的设计师皮尔·卡丹,在巴黎时装史上占有十分特殊的地位。当他意识到在他所处的年代手工制作已不具备维系生存的力量时,他转而开辟出一条更为创新的商业道路:全方位授权。第一步就是推进高级时装成衣化。1962年,卡丹首次进入高级成衣市场,与巴黎春天百货公司(Printemps)订立合约,在百货公司设置卡丹专柜,以原版六分之一的价格出售使用品质相对较差的面料所复刻的高级时装,并在这些成衣上加上卡丹与百货公司的标签。这在当时招来了"伤害高级时装品位"的指责,但不可否认的是,这使高级成衣市场拥有了广阔的利润空间。接着,在这个强调个性化宣传的时代背景下,他充分利用了与之特质相吻合的民主化设计,在高级时装的品牌效应下开展品牌特许事业,卡丹的名字出现在香水、化妆品、飞机和汽车上,甚至出现在收音机、时钟、地毯等生活化产品上。然而,这种无节制的多样性并不为高级时装界所认可,皮尔·卡丹的才华也因此被淹没在授权网络中。同时,最重要的是,过多地进行品牌授权也极大地削弱了奢侈品品牌的核心价值之一——独有性。

伊夫·圣罗兰是横跨高级定制与高级成衣的另一位代表性人物。作为一名极具天赋的设计师,他曾担任迪奥的设计助理,并在克里斯汀·迪奥猝逝后接管品牌。伊夫·圣罗兰的同名时装屋则在 20 世纪 60 年代迎来了全盛期。他先后推出的一系列新潮服装令女性消费者竞相追逐,其中包括长裤装、具有非洲探险风格的英国式上衣、半透明套装,以及以男士无尾礼服为原型设计的裤装女士晚礼服。[①] 除了每年春秋两季的高级时装,圣罗兰也将目光投向了高级成衣,并在多地开设了成衣店铺。有别于皮尔·卡丹热衷于将自己的名字作为标签加以广泛传播的做法,圣罗兰始终坚守其时装品质和品牌的声誉形象。1966 年,圣罗兰推出的名为"圣罗兰左岸"(Saint Laurent Rive Gauche)的成衣店依旧保留了奢华的特质,不断吸引着慕名而来的追随者,而针对年轻顾客群推出的售价相对较低的成衣系列,连同 Y 系列香水一起,一经面世就大获成功。自此,全新的品牌金字塔模型初步形成:塔尖的高级定制时装卖给真正的有钱人,同一位设计师的成衣卖给中产阶级顾客,名目繁多的香水和配饰卖给底层的大众。[②]

三、奢侈品集团化进程

当时尚的民主化在 20 世纪 70 年代继续急剧扩张,加之品牌许可的推波助澜,各品牌扩大零售网络的同时不可避免地往大众化方向发展。而街头风尚与前卫时装结合下诞生的高级成衣开始

---

① 罗玛.服装的欲望史[M].北京:新星出版社,2010:137-138.

② 托马斯.奢侈的![M].李孟苏,崔薇,译.重庆:重庆大学出版社,2011:39.

引领上流社会和普通民众的审美,高级时装不再掌握时尚的发言权。至此,奢侈品的一个重要时代结束,随之而来的则是奢侈品工业化进程,即在保持奢侈品所传达的内涵的同时,还要达到经济目标。① 奢侈品行业的演变也开始呈现出纵向整合的发展趋势,首先是家族经营的奢侈品精品屋或中小型企业迈向大型企业化,直至 20 世纪 80 年代大型奢侈品集团的出现彻底改变了奢侈品市场上各品牌分散和各自为营的局面。

1. 意大利家族企业

意大利品牌在 20 世纪 70 年开始具备国际影响力,其中家族企业制的奢侈品品牌演变为全球主要市场的重要参与者。不同于法国的奢侈品家族企业,由设计师创办、企业家投资并共同经营的高级时装屋是其演进的重要基础。从中世纪家庭作坊发展而来的意大利家族企业则有着深厚的历史根基,自 19 世纪末开始逐渐形成并深刻地影响了国家的经济和政治发展。尤其是在二战后,家族企业依靠自身优势使意大利迅速从二战创伤中恢复过来,并在 20 世纪 60、70 年代创造了经济奇迹。作为意大利的经济支柱产业的纺织服装业和机械制造业,其从业者绝大多数都是家族企业②,与个人奢侈品相关的纺织、服饰、制鞋、皮具等产业尤其发

---

① 颂·布朗卡特. 奢侈品之路:顶级奢侈品品牌战略与管理[M].谢绮红,译. 北京：机械工业出版社,2016:149-156.

② 李晶.家庭观在意大利家族企业发展中的作用——以意大利时尚品牌为例[D].广州:广东外语外贸大学,2008.

达,比如普拉达(Prada)、芬迪(Fendi)、米索尼(Missoni)和托德斯(Tod's)等。

以采用几何抽象图案及多彩线条的特色针织设计著称的米索尼是始于1953年的意大利传统品牌,由奥塔维奥·米索尼(Ottavio Missoni)和妻子罗西塔(Rosita)共同创立。从最初的小型针织工作室和小型时装店贴有米索尼商标的鲜艳色彩条纹针织衫,出现在米兰大教堂广场店铺的橱窗和时装杂志里,到1967年佛罗伦萨皮蒂宫(Palazzo Pitti)的服装展示会上轰动一时的透明针织衫,米索尼逐步打开了国际市场,并成为意大利文化和艺术的代表。该品牌始终由家族成员掌握控制权。与米索尼相似,旗下拥有托德斯、霍根(Hogan)和罗杰·维维亚(Roger Vivier)等品牌的托德斯集团也依旧由家族成员经营。该集团崛起于马尔凯(Marche)的鞋业制造区,得益于工业系统的优势。自20世纪70年代开始,迭戈·德拉·瓦莱(Diego Della Valle)将由祖父和父亲那儿继承而来的家庭制鞋厂发展为如今生产奢侈鞋履和皮具包袋的国际性集团。

普拉达由马里奥·普拉达(Mario Prada)创立于1913年,在位于意大利米兰的奢侈品商店内出售皮具,并于1919年成为意大利皇室的官方供应品。二战后,尽管公司继续经营,但并无起色,直到普拉达的第三代继承人缪西娅·普拉达(Miuccia Prada)在1978年接管后,经营才开始出现了转机。缪西娅和其丈夫——来自托斯卡纳的皮具制造商帕吉欧·贝尔特利(Patrizio Bertelli)一起,共同将普拉达发展成主营女性时装配饰的现代奢侈品品牌,并在 20 世纪 90 年代末组建起一个完全私有的奢侈品集团——普拉达集团。

同样创立于 20 世纪初的芬迪以皮草起家,最初是一家位于意大利罗马的小型皮件和手袋专卖店,由爱德华多·芬迪(Edoardo Fendi)和爱德拉·卡萨格兰德(Adele Casagrand)夫妇开设于 1925 年,在当时以优质产品和精湛工艺著称。此后芬迪通过扩大经营范围并利用特许经营逐渐发展壮大。芬迪夫妇的五个女儿在 1965 年参与家族事业经营后,更是将芬迪推向一个新的高峰,五位继承人分别在皮草、皮具、客户、运营和销售这五个不同的领域负责家族事业。她们聘请设计师卡尔·拉格菲尔德(Karl Lagerfeld),将芬迪改造为兼具极佳现代审美品位与经典传统工艺的国际性奢侈品品牌,并在意大利时装的黄金时期 20 世纪 70 年代得以不断拓展全球性业务。然而,在进入 90 年代末期后,芬迪没能避免被收购的命运,随着股份出售,最终成为酩悦·轩尼诗-路易·威登(Louis Vuitton Moët Hennessy,简称 LVMH)集团旗下的品牌之一。

2. 大型集团的创立

芬迪并非 LVMH 收购的第一个家族企业品牌,也不会是最后一个。被誉为最成功的奢侈品集团之一的 LVMH 集团于 1987 年正式成立,通过合并奢侈皮具制造商路易·威登和酒业集团酩悦·轩尼诗(Moët Hennessy)开启了多品牌集团企业的兼并和扩张之路。

在伯纳德·阿诺特1984年底收购迪奥并以此为基石建立起如今的奢侈品帝国之前,路易·威登品牌在其家族继承人亨利·雷卡米尔经营管理时期(1977—1990)就已经实现从中小型家族企业向公众化企业的转变。其间,雷卡米尔采取了"垂直整合策略",避开拥有特许经营权的经销商,由品牌开设并管理直营店,实现品牌对价值链的完全控制,并开始进军亚洲市场,使企业利润有了惊人的上升。1988年,雷卡米尔还将纪梵希纳入投资版图,创立了高级女装部门。雷卡米尔深刻洞见了奢侈品必将全球化的趋势,充分利用集团内部各品牌间的协同效应实现扩张,使路易·威登从只有两家店铺的家族生意发展为销售额达10亿美元的国际品牌,为其成为奢侈品航母建立起必要的势力和组织基础。LVMH集团正式进入伯纳德·阿诺特时代始于1989年。在阿诺特控股LVMH之后,集团开始加速扩张,在投资创建高级定制品牌克里斯汀·拉克鲁瓦(Christian Lacroix)未果后,集团将品牌投资从自建品牌转向品牌收购,主要战略为振兴传统奢侈品品牌并将其发展为明星品牌,在保持品牌独立性与创造性的同时严格把控产品质量与分销网络。

20世纪90年代的新富阶层热衷于物质享受,将其所有之物视为衡量成功的标准,并极力追求象征财富的符号,更加渴望体验优质生活,这成为奢侈品这一利基市场迎来变革的重要契机之一。

商业大亨敏锐地察觉到其中商机，开始紧随伯纳德·阿诺特的步伐，投身于全新的奢侈品领域，开启了现代化奢侈品时代。到 20世纪 90 年代末，奢侈品行业内已经形成以 LVMH 集团、开云(Kering)集团和历峰(Richemont)集团为首的格局，共同创造了现代奢侈品行业的全局战略。

开云集团，由弗朗索瓦·皮诺(Francois Pinault)创立于 1963年。① 开云集团在 20 世纪 90 年代先后收购了 Conforama 和法国零售商 Fnac，从从事木材贸易的建材销售商转型为专业零售公司，并在 1999 年收购古驰后进入奢侈品领域。此后，它又陆续收购了圣罗兰、葆蝶家(Bottega Veneta)和巴黎世家等顶尖奢侈品品牌，巩固了其在奢侈品品牌行业的地位。依靠广泛的经营范围和各品牌之间的专业共享，开云集团逐渐升级整合为一个综合性集团。集团旗下主要包括三个部门：奢侈品、运动体育和生活时尚用品。该集团的战略建立在三个关键原则的基础上：支持并购品牌以拓展新市场；加强在既有市场中的影响力，加速增长；发展分销网络和渠道(包括日益重要的电子商务模式)。②

历峰集团是由南非鲁伯特家族(The Ruperts)掌控的世界第

① 1963 年，弗朗索瓦·皮诺在法国雷恩(Rennes)创立了木材贸易公司Établissements Pinault。皮诺集团在收购 Le Printemps 和 La Redoute 股权后，于 1994年更名为 Pinault-Printemps-Redoute。2005 年集团名称缩短为 PPR。2013，PPR 更名为开云(Kering)。

② MartinRoll. Kering—Evolution of a Global Luxury Brand Company ［EB/OL］. (2020-11-01)［2020-11-12］. https：//martinroll. com/resources/articles/strategy/kering-evolution-of-a-global-luxury-brand-company/.

二大奢侈品集团。自20世纪70年代由安东·鲁伯特(Anton Rupert)获得卡地亚(Cartier)和登喜路(Dunhill)的股份后开始进军奢侈品行业,其子约翰·鲁伯特(Johann Rupert),对原有家族企业进行拆分重组,于1988年在瑞士成立历峰集团。该集团注重旗下各公司的独立运营,在市场营销和分销等方面均由品牌各自掌控,因为鲁伯特坚持"产品完整的个性比各品牌的协同作用重要得多"。同时,在经营模式上,直营和特许经营并存,并通过对各区域的平衡运营以抵消对某一市场的依赖,兼并收购的目的则在于提高其生产能力。集团经营的范围包括皮制品、时装、钢笔等品牌,珠宝和名表是其发展的重点。

爱马仕集团与上述多品牌大型奢侈品集团有所区别,是少数几家仍由创始人家族成员掌握的奢侈品集团,其家族一直持有公司的大部分股份。作为创始于1837年的传统高端奢侈品品牌,爱马仕在第二、三代继承人埃米尔-莫里斯·爱马仕(Emile-Maurice Hermes)和罗伯特·迪马(Robert Dumas)的经营下转变为国际奢侈品公司,其目标人群始终是精英群体,并与之保持私密关系。为延续其高端品质与品牌形象,在传承奢侈品技艺的同时加强自身专业性,爱马仕主要集中于投资或收购拥有古老传统的奢侈品品牌,如鞋履品牌约翰·洛布(John Lobb)、水晶品牌圣路易(Saint-Louis)和银器品牌博艺府家(Puiforcat)等。通过基于工艺严谨的品牌特许授权来拓展零售网络并谨慎开展品牌延伸,是爱马仕的重要策略,注重创新也使之具备了增加市场份额的优势。

　　中小型企业被大企业集团兼并收购虽已是大势所趋,但依旧有维持家族企业结构的奢侈品精品屋未投入整合的浪潮,并实现成功独立运营,如由韦特海默家族(The Wertheimers)私人持股的香奈儿、创始人乔治·阿玛尼(Giorgio Armani)全面掌权的阿玛尼等。总之,进入 21 世纪后,奢侈品世界不再是一方封闭而又异常杰出的天地,在现代制造业具备先进技术和全球走向一体化的背景下,奢侈品需要实现差异化以适应市场和社会的发展。一方面,运营奢侈品品牌需要更多的资金来提升产品销量和品牌知名度;另一方面,各部门需要雇佣具有良好资历的专业人士,比如聘请时装设计师担任创意总监、启用职业经理人作为企业高管。因此,各大奢侈品品牌都踏上了转型之路,成为产品多样化的大规模家族企业、专业管理的上市企业或国际性企业集团。

不同类型奢侈品集团及其旗下品牌

家族企业	单品牌	博柏利(Burberry Group PLC)	
		香奈儿(Chanel Group)	
		杜嘉班纳(Dolce & Gabbana Luxembourg S. R. L.)	
		乔治·阿玛尼(Giorgio Armani S. p. A.)	
		麦丝·玛拉(Max Mara Fashion Group S. R. L.)	
		百达翡丽(Patek Philippe S. A.)	
		萨尔瓦多·菲拉格慕(Salvatore Ferragamo S. p. A.)	
	多品牌	普拉达 (Prada)	普拉达(Prada) 缪缪(Miu Miu) Church's Car Shoe

家族 企业	多品牌	爱马仕 （Hermès International SCA）	约翰·洛布（John Lobb） 博艺府家（Puiforcat） 圣路易（Saint-Louis） 上下（Shang Xia）
		托德斯 （Tod's S. p. A. ）	霍根（Hogan） 罗杰·维维亚（Roger Vivier） 托德斯（Tod's）
		杰尼亚 （Ermenegildo Zegna Holditalia S. p. A. ）	杰尼亚（Ermenegildo Zegna） 汤姆·布朗（Thom Browne）
大型 集团		LVMH 集团 （Moët Hennessy-Louis Vuitton SE）	贝鲁堤（Berluti） 宝格丽（Bvlgari） 思琳（Celine） 尚美（Chaumet） 迪奥（Dior） 艾米里欧·普奇（Emilio Pucci） 芬迪（Fendi） 纪梵希（Givenchy） 高田贤三（Kenzo） 罗威（Loewe） 路易·威登（Louis Vuitton） 马克·雅可布（Marc Jacobs） 摩纳（Moynat） 泰格·豪雅（TAG Heuer）
		历峰集团 （Richemont Group S. A. ）	阿拉亚（Azzedine Alaïa） 卡地亚（Cartier） 蔻伊（Chloé） 登喜路（Dunhill） 兰姿（Lancel）

续表

大型集团	历峰集团 (Richemont Group S. A.)	万国表(IWC)
		积家(Jaeger-Le Coultre)
		江诗丹顿(Vacheron Constantin)
		万宝龙(Montblanc)
		伯爵(PIAGET)
		梵克雅宝(Vank Cleef & Arples)
	开云集团 (Kering S. A.)	亚历山大·麦昆(Alexander McQueen)
		巴黎世家(Balenciaga)
		葆蝶家(Bottega Veneta)
		宝诗龙(Boucheron)
		克里斯·凯恩(Christopher Kane)
		古驰(Gucci)
		麒麟(Qeelin)
		圣罗兰(Yves Saint Laurent)

3. 奢侈品市场的新进入者

随着国际奢侈品集团的创立,一批新进入者使市场品牌数量激增。奢侈品开始为更大范围的客户所能承受,不再局限于原本狭隘的客户定位和专用分销渠道,并且市场要求奢侈品品牌始终保持在消费者的需求和期望的最前端,因此奢侈品品牌在保证其核心价值的前提下引入新的名字、进入新的业务领域有利于提升竞争力。面对消费者,尤其是年轻的消费者对活力与惊喜的诉求,奢侈品集团将收购设计师品牌作为增强创新能力的举措之一,因而设计师创立的同名品牌开始逐渐与奢侈品集团产生密切联系,并成为奢侈品市场的参与者。比如亚历山大·麦昆、斯黛拉·麦卡特尼(Stella McCartney)、马克·雅可布、汤姆·福特(Tom

Ford)、马丁·玛吉拉(Martin Margiela)、周仰杰(Jimmy Choo)、吉尔·桑德(Jil Sander)、赫尔穆特·朗(Helmut Lang)、约翰·加利亚诺(John Galliano)等。

(1)古驰集团与亚历山大·麦昆

已故的时装设计师亚历山大·麦昆是最年轻的"英国时尚奖"(British Fashion Awards)的得主,他还在1996—2003年共四次赢得"年度最佳英国设计师"(British Designer of the Year),并在1996—2001年担任老牌时装屋纪梵希的创意总监。麦昆于1992年创立的同名时装品牌因其大胆的设计而备受赞誉,但其财务业绩却始终不理想。2000年,已重塑为知名奢侈品公司的古驰集团收购了亚历山大·麦昆51%的股份(后归属于开云集团),同时麦昆继续出任品牌的创意总监。亚历山大·麦昆得到集团助力后成为全球性品牌,并最终在2007年首次实现扭亏为盈。当麦昆于2010年2月离世后,古驰集团选择继续经营该品牌。有报道分析称,如今亚历山大·麦昆是开云集团近年来继古驰、圣罗兰、巴黎世家后,另一拥有强劲增长前景的品牌。

(2)开云集团与斯黛拉·麦卡特尼

斯黛拉·麦卡特尼是英伦摇滚乐队披头士成员保罗·麦卡特尼(Paul McCartney)的女儿。尽管自带"星二代"的光环,但斯黛拉·麦卡特尼在1997—2001年出任蔻伊(Chloé)创意总监期间,凭借年轻活力的设计一改品牌陈旧的形象,使之成功回应了市场年轻化的需求并重回畅销品牌之列,这才真正奠定了她在时尚圈的地位。而其同名品牌是目前最成功的设计师品牌之一,由麦卡特尼和开云集团在 2001 年共同创立,是时装界首批在商业模式(从生产到最终)中秉持可持续态度的品牌之一。2018 年,麦卡特尼从开云集团回购了公司 100% 的股份,结束了与之长达 17 年的合作。在此期间,斯黛拉·麦卡特尼已成长为英国时尚界最知名的品牌之一,据悉该品牌的销售额在 2017 年达到 100 万美元,约占开云集团奢侈品部门销售额的 2%。而在短暂地将其作为独立品牌运营后,斯黛拉·麦卡特尼于 2019 年选择与 LVMH 集团结盟,这无疑是一场共赢的合作,集团在履行可持续理念的同时,也为品牌围绕可持续性的环保实践和创新提供推动力。

(3)LVMH 集团与马克·雅可布

LVMH 集团资助的品牌还包括马克·雅可布。设计师马克·雅可布毕业于世界知名时装院校美国帕森斯设计学院(Parsons School of Design),被认为是同一时期的美国时装设计师中的佼佼者,是卡尔文·克莱因(Calvin Klein)、唐娜·凯伦(Donna Karen)和拉夫·劳伦(Ralph Lauren)的真正继任者。他于 1997 年出任路易·威登的创意总监,为这个经典皮具品牌推出的设计使之销量猛增,而正值经营困难的其同名品牌在获得了 LVMH 集团的资助后也得以在全球进行积极的扩张。然而,近年来在经历连年的亏损后,品牌在集团的命运也岌岌可危。

(4)古驰集团与汤姆·福德

正如汤姆·福德所说:"你不得已要随时关注预算和品牌走

向,要做出一些短期决定,因为那是股东们想要的,你还要拿出短期的收益来暂时掩盖有可能出现的长期利润不理想的情况,以此稳定投资人的信心。"尽管设计师品牌获得奢侈品集团投资往往被视为是对其商业价值的认可,借助集团资本和资源有利于加速实现品牌自身的规模扩张和商业化,包括增加产品线和产品类别、拓展分销渠道、开设店铺以及进入新的市场,也能有效避免试错以节省时间成本,然而,集团往往出于品牌盈利状况的考量决定品牌的去留,设计师或品牌创始人处于可以被任意处置的位置,其所具有的价值除了塑造品牌精神与文化外,更重要的是其设计的成功,获得良好的市场反应,为股东创造价值。1994—2002 年,汤姆·福特出任古驰创意总监,和首席执行官多梅尼科·德·索莱(Domenico De Sole)一起重塑古驰形象并改善其经营状况,而他于 2005 年创立的个人品牌依旧坚持独立运作,关注高端时尚设计和奢侈品领域。很多设计师也在意识到被收购后自身将会处于被动局面而选择保持独立,不愿参与到奢侈品巨头的商业游戏中去,比如由美国设计师阿什莉·奥尔森(Ashley Olsen)和玛丽-凯特·奥尔森(Mary-Kate Olsen)创立的奢侈时装品牌 The Row,作为当今少有的极具国际化潜力的独立时装品牌得到了大型奢侈品集团的密切关注,但奥尔森姐妹从未表示对出售品牌的兴趣,依旧牢牢控制着品牌,在没有外部资金支持的情况下,谨慎地扩大品牌规模。①

---

① 　Lauren Sherman. The Row:如何以"低调"成就一个奢侈品牌[EB/OL]. (2019-09-12)[2020-11-12]. https://weibo.com/ttarticle/p/show? id=2309404415609 835225150.

第二章　机遇下的挑战

奢侈品行业有上市公司和股票交易,其中不少由集团控制。在逐步实现全球化的过程中,各大奢侈品所属集团都致力于扩大品牌覆盖范围,增加产品的多样性,并将零售作为发展重点。LVMH 集团总裁伯纳德·阿诺特曾说过,奢侈品行业是唯一一个提供奢侈利润的行业。然而,奢侈品行业自 20 世纪 90 年代中期进入高速发展时期以来,在需求大增的机遇下也潜藏着众多挑战。

一、危机与集团化进程

1. LVMH 集团收购蒂芙尼事件

美国奢侈珠宝品牌蒂芙尼(Tiffany& Co.)由查尔斯·刘易斯·蒂芙尼(Charles Lewis Tiffany)和约翰·B. 扬(John B. Young)创立于 1837 年,最初是一家精品文具与高端礼品店,从 1853 年开始专注于发展珠宝业务。随着品牌因为绝佳的宝石成色而被人们熟知,并在继承人也是品牌历史上首位正式的创意总监路易斯·康福特·蒂芙尼(Louis Comfort Tiffany)的经营管理下,成为家喻户晓的珠宝品牌。1961 年,由好莱坞女星奥黛丽·赫本(Audrey Hepburn)主演的经典影片《蒂凡尼的早餐》[①](Breakfast at Tiffany's)更是塑造了该品牌经典的浪漫形象。蓝色礼盒和六爪镶嵌钻戒成为蒂芙尼最为深入人心的标志。目前,该品牌旗下的产品除了珠宝、钻石首饰和纯银制品,还包括瓷器、水晶、办公用品、香水、手表、皮具和配饰等。近年来,为充分挖掘市场份额,蒂芙尼更是积极扩充产品线,包括 2017 年在纽约第五大道旗舰店开设的第一家咖啡店 Blue Box Café 和 2019 年推出首个男士配饰系列 Tiffany 1837 Makers。

2019 年 11 月,LVMH 集团以 162 亿美元完成了对蒂芙尼的收购,这是奢侈品行业迄今为止最大的一宗收购案,这意味着这家法国企业集团进一步巩固了其在奢侈品界的领先地位。在收购蒂芙尼之前,LVMH 集团旗下的"硬奢侈品"(珠宝和手表)包括宝格丽、尚美(Chaumet)、弗雷德(Fred)、宇舶表(Hublot)、泰格·豪雅(Tag Heuer)和真力时(Zenith)等 6 个品牌。2018 财年该"硬奢侈品"部门的总销售额为 41.23 亿欧元,同比增长 8%,占集团总销售额的 9%。相比之下,其主要竞争对手之一,瑞士历峰集团则拥有包括卡地亚(Cartier)、梵克雅宝(Van Cleef & Arpels)、积家

---

① Tiffany 在这一经典影片名中仍采用"蒂凡尼"这一译名,作为人名和珠宝品牌时,本书则一律译作"蒂芙尼"。

(Jaeger-LeCoultre)和江诗丹顿等在内的 11 个品牌,其 2018 年珠宝和手表部门的总销售额达 70.83 亿欧元,同比增长 10%,占集团总销售额的比例达到 50.6%,业绩表现优于 LVMH 集团。而收购蒂芙尼将大大增加珠宝和手表在 LVMH 业务中的比重,能有效强化集团庞大而多样化的投资组合,并将得益于蒂芙尼垂直整合的供应链——包括拥有 5000 余名珠宝工匠、5 家独立珠宝工坊,从矿山直接进行钻石采买,并由旗下专业工匠进行切割和抛光,同时在比利时、毛里求斯、越南等地都建有生产基地,这些经验可以被拓展到集团旗下的其他品牌。更重要的是,有利于该集团扩大其近年来正努力拓展的美国市场。在美国这个全球范围内坐拥最多百万富翁的庞大奢侈品消费市场,LVMH 集团的表现却并不理想:2018 财年该集团销售额中来自美国市场的比例不到四分之一,其中珠宝和手表部门的美国市场销售占比仅为 9%。作为至今已拥有 180 多年历史的珠宝品牌,蒂芙尼总部位于纽约,美国本土是其最大的市场,销售额占比达到 44%,旗下 321 家门店中有 124 家位于美国本土,包括纽约第五大道旗舰店这样具有全球影响力的旅游购物胜地。此次收购无疑将会极大地增强 LVMH 集团在美国本土的竞争力,触达更多美国高端消费者。[①] 与此同时,也能进一步挖掘中国消费者在国内外消费的潜力。中国一直

---

① 徐斌. 投入 LVMH 的怀抱,Tiffany 将带去四样"宝贝"并收获三件"礼物"[EB/OL]. (2019-11-27)[2020-11-12]. https://cn.fashionnetwork.com/news/tou-ru-lvmh-de-huai-bao-tiffany-jiang-dai-qu-si-yang-bao-bei-bing-shou-huo-san-jian-li-wu-,1162501.html.

以来是蒂芙尼的关键市场,其在中国不断发展的实体店和在线商店拥有极高的知名度,多样化的产品组合和可接受的定价也使之成为中国中产阶级的入门奢侈品品牌的首选。

2. 集团化抵御危机

实现家族企业公司化的蒂芙尼,其控股权已经历经数次更迭:首次出售发生在 1978 年,雅芳集团(Avon Products Inc.)以 1.04亿美元完成收购;之后在 1984—1987 年,由中东投资集团Investcorp 持股并实现上市,为其全球化发展提供必要的资金支持;而在被 LVMH 正式收购前,蒂芙尼持股比例最高的几位股东则为金融机构。① 股东的多次更迭对蒂芙尼业绩并无负面影响,反而每次新一轮的投资都使之能够顺利地进行扩张,并且保持良好的运作状况,资产负债表健康。然而,2019 年上半年,蒂芙尼的收入在香港受到局势动荡和内地游客人数暴跌的影响,同时在美国也因为人民币贬值和中美贸易摩擦,中国旅游购物者减少而受到影响。② 截至 2019 年 6 月底,蒂芙尼的全球净销售额跌至 21 亿美元,出现了国内外市场疲软的局面,需要大笔投资才能重振品牌和业务,因此其选择成为奢侈品航母 LVMH 集团旗下的成员。

---

① 白羽加. 与 LVMH 集团达成收购协议,Tiffany 整体估值 41 年增长了 159 倍![EB/OL]. (2019-11-25)[2020-11-12]. https://luxe.co/post/108270.

② Booker A. Acquiring Tiffany Could Be a China Masterstroke for LVMH[EB/OL]. (2019-11-01)[2020-11-12]. https://jingdaily.com/acquiring-tiffany-could-be-a-china-masterstroke-for-lvmh/.

随着奢侈品这一绝对概念被基于其形成的奢侈品品牌所取代,并在企业化和集团化的进程下共同构建起了现代奢侈品行业,奢侈品成为一个有相关机构定期发布行业总结与预测的微观经济部门。这一演化结果的显著特点之一就是奢侈品对世界整体局势,包括经济危机、地缘政治、自然灾害等,反应更为敏感,特别是对经济打击具有过度反应性:在经济健康时期,奢侈品市场的增长率远高于整体经济的增长率;在经济危机初期,奢侈品市场的增长率则比其他市场跌落更快,且幅度更大。① 奢侈品欲望民主化和行业的全球性扩张,促使中间市场目标消费群体不断增长,而中间市场则往往具有财务上的不稳定性,即大众消费者的购买力受全球宏观环境影响较大。当经济繁荣时,他们拥有巨大购买力,愿意花更多的钱购买高价商品;当实体经济出现下滑,破产率和失业率随之上升时,消费就会出现停滞或紧缩,相应地在非必需的奢侈品上的花费也明显减少。以 2019 年下半年香港动荡的局势的影响为例,众多奢侈品品牌在香港的业务都受到打击,尤其是原本就表现欠佳的部分家族制企业,比如菲拉格慕,其发布的 2019 年前九个月的业绩报告显示,占总营收 6%～7%的香港地区销售额在第三季度暴跌 45%。

可见,在竞争日益国际化且极易受国际政治经济局势动荡影响的行业环境中,大型集团的投资组合形成的规模效益能够利用

---

① Kapferer J N,BastienV. 奢侈品战略:揭秘世界顶级奢侈品的品牌战略[M].谢绮红,译. 北京:机械工业出版社,2014:334.

整个供应链的协同效应,从而成为制胜的关键。纵观各行各业,从汽车到科技均存在规模效益,因此规模的大小往往决定了企业能否处于行业的领先地位以及应对危机与风险的能力。负面影响往往对中小规模的家族企业造成更大的冲击,原因就在于没有其他替代融资渠道可以帮助它获得充裕的资金深入新市场、进行品牌延伸和核心价值观宣传,从而进行国际扩张,吸引更多的海外客户,以此维持业绩稳定,并且在产品多元化、纵向整合、供应链控制等壮大品牌的关键方面缺乏与大型奢侈品的竞争力。[①] 大型企业集团通过经营不同品类、不同级别的奢侈品品牌,平衡集团内的产品种类架构,利用盈利品牌帮助或带动某个时期处于低潮的其他奢侈品品牌的周转[②],形成共享生产资料、生产活动等方面的最佳实践经验的协同效应。其优势还包括在与零售、媒体宣传等相关利益方进行谈判时处于主动地位,以及提供有吸引力的职业规划和发展机会吸纳创意设计、运营管理等各方面的顶尖人才等。此前,LVMH 在 2011 年以 52 亿美元的价格收购同为家族企业的奢侈珠宝品牌宝格丽,就印证了经营不善的家族企业在集团商业模式下可以重振。在被收购后,宝格丽采取包括促进品牌多元化和发展所需的纵向整合等一系列措施,被提升为一个专注高端市场的珠宝品牌,并在过去八年里实现了市场份额的持续增长。

①　颂,布朗卡特. 奢侈品之路:顶级奢侈品品牌战略与管理[M].谢绮红,译. 北京:机械工业出版社,2016:179-181.

②　刘晓刚,朱慧泽,刘唯佳. 奢侈品学[M].上海:东华大学出版社,2009:301.

3. 品牌完整性与业绩增长的平衡

　　尽管综合性企业集团模式凭借其多品牌组合、创新利用品牌间协同效应来抵御风险而备受推崇,但还有少数小型的精品屋和设计师品牌依旧维持家族经营模式,保持独立运作或者未上市进行融资,也能够在实现业绩快速增长的同时保持品牌自主权。比如香奈儿,2018年度实现过百亿美元的业绩,比前一年度增长了10.5％。而香奈儿的成功正是在于,作为由韦特海默家族所有的私有企业,前任创意总监设计师卡尔·拉格菲尔德执掌期间专注坚持原有市场定位,传承品牌灵魂人物可可·香奈儿的精神,延续其独特的优雅与端庄,维护品牌的价值和形象且注重长期投资。而企业集团往往不惜任何代价寻求增长,因此融入一个有众多品牌的集团会面临来自股东要求业绩增长的压力,调和维护品牌传统以保证长期发展和提高短期内收益之间的矛盾则更为棘手。然而,强制性的增长和目标利润对于在传统基础上进行探索创新的奢侈品企业,存在着不可忽视的消极作用:当短期经济效益成为判断品牌价值的重要标准,以快速增长来满足资本市场的需求,会失去基于利基市场和专业化视角的长远规划,而仅依靠更广泛地覆盖市场与消费群体以取得强迫性增长,这无疑存在导致产品标准化、扼杀品牌创造力的威胁,会削弱奢侈品品牌在专业性和稀有性方面的特点①,破坏该奢侈品品牌原有的完整性。并且通常情况下,集团打造出高收益的明星品牌的另外一面则是持续亏损的品牌的存在,因此一旦盈利状况不佳,就极有可能使该品牌陷入不被重视的尴尬局面。

二、时尚与奢侈论

19世纪及以前,拥有特权且财力雄厚的人士追随潮流、创造时尚,我们所处的21世纪则是新潮时尚与传统奢侈并存,高级定制女装早已将时尚的"宝座"拱手相让。时尚不再需要高花费,价格高昂的商品也并不一定是奢侈品。奢侈、高端与时尚之间的界限不断模糊,大众奢侈品的出现、快时尚与奢侈品设计师的跨界合作、街头潮牌创始人入主传统奢侈品品牌等也令"奢侈"这一概念更加广泛而难以界定。另外也不乏奢侈品品牌进行形象降级,将自身定位为高端品牌以扩大市场份额,抑或将时尚化作为品牌发展的关键战略之一。如果从时尚与奢侈的本质来看,类似的做法的不妥性不言而喻:低文化敏感度的时尚转瞬即逝,消费的高度时效性使之不断被重塑与替换,促销甩卖以处理库存是其常态;奢侈品则经由时间沉淀与历史传承,创造出价值并贩售梦想。但从创新层面看,时尚度势而变的特质的确是契合了奢侈品品牌持续发

---

① 萨维奥洛,科贝利尼. 时尚与奢侈品企业管理[M].江汇,译.广州:广东经济出版社,2016:138-143.

展的需要。回到嘻哈新贵对奢侈品狂热追求的 20 世纪 90 年代，街头潮流就已经开始渗透至奢侈品世界，其追求显著商标的穿着特征为奢侈品带来新的创作灵感。香奈儿 1991 年秋冬高级成衣发布会上出现的俗艳项链、超大号帽子以及皮外套，在很大程度上就是受到了嘻哈风潮的影响，近 20 年后香奈儿又发布了与说唱歌手法瑞尔·威廉姆斯(Pharrell Williams)合作的联名系列。

重点是奢侈品一旦被贴上"时尚"的标签，出现在街头巷尾，使各色人士触手可及，就将不可避免地造成品牌价值的缩水。由此形成的商业模式往往是：牺牲工艺和原材料品质并转移产地来降低成本，以流水线的机器生产模式提高生产效率，创造出一套基于风格、设计、商标和市场营销的品牌价值。而时尚化的奢侈品往往会吸引不需要的顾客粉丝，比如 20 世纪 90 年代中期，博柏利经典格纹图案成为英国年轻工人阶级和足球迷(chavs)的最爱，致使其品牌价值被严重稀释。其中的关键或许就在于如何抵抗时尚对奢侈品本质属性的消解。

1. 不同维度下时尚的概念

时尚，即英语中的 fashion，从词源学来看，该单词的雏形为拉丁语中的 *facio* 或 *factio*，意为"制作"或"做"，在古代法语中为 fazon，并进一步发展为中古法语 facon，之后的法语 façon 和 façonner 则演变出中古英语单词 fashion。法语中的 lamode 一词也被译为"时尚"，由"共同的服装样式"引申而来，与意为"现代性"

的 mordernité 在语义学上相近。时尚的同义词包括方式(mode)、风格(style)、时髦(vogue)、趋势(trend)、模样(look)、品味(taste)、风尚(fad)、风行(rage)、流行(craze)等。①

　　自 15 世纪末开始,"时尚"一词通常被用于描述社会上正流行的衣食住行各个方面,因此时尚并非只用于形容狭义上的个人服饰。但抽象的时尚概念与具象的服装之间确实有着密不可分的联系,挪威当代学者拉斯·史文德森(Lars Svendsen)认为"时尚所关联的某种机制在服饰领域的作用尤为明显",甚至在某种程度上通过服装史就能一览时尚的流变。对时尚的研究源自哲学,而随着时尚越来越受到政治、文化、消费主义、现代性、社会阶层与社会认同等价值观念的共同作用,其社会性成为重要议题,其中服装样式的变迁是其主要表现形式之一。齐美尔在著作《时尚的哲学》中系统提出并描绘了时尚传播的过程,并提出了"滴漏论""阶级分野论""同一差异论"和时尚的"补偿机制"理论。法国思想家让·鲍德里亚(Jean Baudrillard)则在《消费社会》一书中解释了"流动社会"的概念,将其视为时尚兴起的根源,并从文化控制的角度,描绘了文化被符号改造为消费社会中一件普通商品的过程,"我们处在'消费'控制着整个生活的境地。所有的活动都以相同的组合方式束缚……文化和其他不管什么类型的物品一样,都屈从于符号的

_____

　　① 川村由仁夜.《时尚学:时尚研究概述》前言[J].张恒岩,窦倩,译.艺术设计研究,2010(2):17.

同一竞争需求,而且就是根据这一需求被生产出来的"。①

　　时尚的意义广泛并不断更新。从时尚与奢侈的源头来看,似乎都指向社会上层阶级的一种特权,彼时时尚还因其"奢侈"而遭谴责,普通人与之绝缘,否则将导致无法区分社会等级。19世纪的社会生活已经发生了巨大的变化,工业化带来全面的人口增长、生产增速、社会分工、技术进步、商业扩展、人口迁移,这些因素使得时尚在人群中的广泛传播成为可能。在20世纪,时尚变得越来越民主,并演变为一项集体活动,也就是说某一特定风格的服饰具备极高的辨识度并且为社会上大部分人所接受和穿着,才能被认为是时尚。时尚的生产手段日新月异,其越来越快的变化节奏也因此被唤醒。自此,时尚提供了大众所需的直接表达性外观,变化是其现代性的特征,并在常规风格的基础之上持续不断创造新的风潮,无限趋近大众潜意识中的某种理想状态。这种从未停止的变化,可以用心血来潮与喜新厌旧来概括,一旦新生就意味着走向衰亡。然而不可否认的是,时尚的内容总是反映所处的时代的风貌,因此我们可以从时尚一系列不确定的变化中,梳理出社会发展的脉络,甚至对未来的方向做出预判,至少是在对大众心理的解读上。罗兰·巴特(Roland Barthes)的描述精准地指出其本质:流行是一种制造无序的秩序。

　　在现代社会,一切似乎都被置入时尚的逻辑之中,从衣食住行到艺术文学,都被冠以时尚之名以供大众消费。人为地创造符号

①　马庆.社会学记忆:时尚研究的一种典范[J].贵州社会科学,2017(10):82.

与图像等物质化元素是时尚的重要手段,除了形成新的时间节奏外,其形象特征与象征意义是驱动人们选择与购买的重要力量。在塑造自身形象时,由于缺乏对自身身体的精准感知,我们会根据他人的评价进行调整,而时尚又恰好提供了一个时代、一个社会中公认的形象模板,所以时尚具有极强的感染力与煽动性,每个人都近乎无意识地被时尚的磁场吸引。① 因此,时尚与奢侈除了在时间和金钱的关系上彼此对立之外,亦在于它们与人之间的关系彼此对立。奢侈品常常具有自我中心、享乐主义的特性,带有明显的"利己"特征,从而实现纵向分化。而时尚则更趋向于"利他",创造出横向分化,使得普罗大众以身着的服饰来表明自己属于某一群体,而加以混搭(比如快时尚品牌的服装搭配限量版球鞋)是用来标榜自身的独一无二,从而与所处群体中的他者区别开来。正如齐美尔曾说过的:时尚是差异性与同一性的共生体。

2. 被混淆的"奢侈":奢侈品品牌、高端品牌、时尚品牌

快时尚用于指代售价低廉的潮流服饰,快时尚品牌擅长从国际秀场、名人穿戴和媒体报道中汲取灵感,并以惊人的速度将其转化为高街商店(high street stores)的服装。快时尚源于新技术催生的低成本时尚,以及消费者希望拥有较低标准的最新时尚的需求。自 2000 年开始,快时尚逐渐在全球范围内扩张,尤其是像 Topshop、H&M、Zara、Uniqlo 等国际快时尚品牌,保持每月数次

---

① 鹫田清一. 衣的现象学[M]. 曹逸冰,译. 北京:新星出版社,2018:36-37.

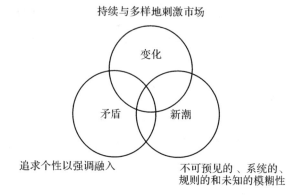

时尚的三个特点

的上架更新频率,提供了呈现最新趋势的大量样式,但其往往质量一般,生产制造则由劳动力成本较低的亚洲或者非洲国家承担。

　　与此同时,快时尚品牌还试图无限接近"奢侈",这也不可避免地模糊着高端奢侈与低端时尚之间的界限。除了将奢侈品品牌的设计稍加变化后转变为自己批量生产的产品,以在美学上表现出极大的相似性,快时尚品牌还时常借鉴奢侈品品牌的宣传方式和设计理念,并将旗舰店的选址安排在遍布各大奢侈品品牌的罗迪欧大道。观察 Zara 近年来每一季度的广告大片,无一不被拍出一种"奢侈品"的气质。Zara 广告风格的转变从 2015 年春夏系列开始,艺术总监克里斯托弗·西蒙兹(Christopher Simmonds)的加入给 Zara 带来了温柔明亮的高级质感。艺术总监的职责就在于用唯美的画面与诗意的表达来呈现一件服饰,而西蒙兹的个人风格强烈,往往充满浪漫古典主义的丰富想象,2016 年之后古驰的广告大片就是出自西蒙兹之手。此后,Zara 就开始大量聘用业内资深且经常与奢侈品品牌合作的视觉创意人员,包括艺术总监法比恩·贝伦(Fabien Baron)、造型师卡尔·邓普勒(Karl Templer)、彩妆师亚伦·德·梅(Aaron de Mey)、布景师杰拉德·桑托斯(Gerard Santos)等。奢侈品品牌设计师与大众品牌的合作在全球范围内取得的成功也甚为瞩目。这种类型的合作始于2004年瑞典快时尚零售商H&M与卡尔·拉格菲尔德(Karl Lagerfeld)设计推出的胶囊系列,该品牌之后还与斯黛拉·麦卡特尼、罗伯特·卡沃利(Roberto Cavalli)、Comme des Garçons、范思哲(Versace)、梅森·马丁·马吉拉(Maison Martin Margiela)展开了合作。即便如此,快时尚的即时性和低售价,与奢侈品相对而言的持久性和难以企及的高售价,依旧是对比鲜明的"两极",最明显的一个例子就是对比Zara的广告和商店内的服饰实物,人们总不免心生巨大的落差。

时尚民主化的进程早已对时装屋的高级定制业务带来了冲击,高级时装屋的设计师也被迫接受着时尚更新节奏,使时尚"服务"于奢侈品,奢侈品品类随之扩展到运动鞋和连帽卫衣。高级定制在公司业务中的经济比重已然甚微,甚至大多呈亏损状态,而它与被打造成视觉盛宴的时装秀一起在社交网络和媒体制造的热门话题下,共同打造着奢侈品的梦想、引人入胜的故事情节和无法轻易获得的距离感,所赋予品牌的行业价值也远超业内普遍接受的

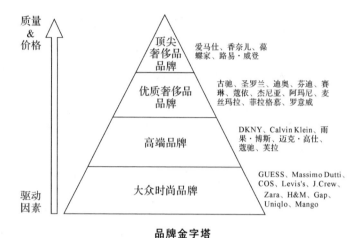

品牌金字塔

注:模型参考 Segura A. The Fashion Pyramid of Brands[EB/OL].
(2019-03-11)[2020-11-12]. https://fashionretail. blog/2019/03/11/
the-fashion-pyramid-of-brands/.

经济牺牲,比如带动箱包、配饰的可观营业额。[①] 也有不少传统奢侈品品牌意欲更新迭代,在受到寻求大众市场最大利益的驱使后,将自身商品化,降级进入中高端市场,这将使之褪去奢侈品光环,并失去它的独家声誉。权威奢侈品品牌的竞争能力应当基于专有性、威信和享乐主义,毕竟富裕的消费者购买奢侈品的初衷是他们希望购买蕴含梦想因素的价值载体,与大众保持距离。

如今,"奢侈品"一词的营销滥用也是显而易见的。奢侈品行业作为一个宏观经济体,包含了多层次的公司和产品,但事实上它们中只有少数遵循奢侈品战略。"奢侈"这个词逐渐代表了时尚,

---

① 圣马里. 理解奢侈品[M]. 王资,译. 上海:格致出版社,上海人民出版社,2019:5-6.

因此很多时尚或高端产品公司为了增强消费者购买产品的欲望，也都使用"奢侈品"这一概念并大力推广。新奢侈品、大众奢侈品、顶级奢华、平价奢华等诸如此类系统性修饰词不断涌现，多重概念应运而生，成为导致奢侈品概念模糊的另一个源头，加重了消费者的困惑。尽管"奢侈品"一词向来都不能一言以蔽之，但当下奢侈品一词也的确不再足够精确。从本质上讲，奢侈是一种主观标准，关乎个人情绪与生活方式。它并非一个范畴，而是一个相对的集合，对于奢侈品的定义取决于讨论的对象，即奢侈品并不对所有人都适用，而社会的不断变化发展也会使得今时今日的奢侈品在明日瞬间暗淡无光。随着媒体和时装行业的全面发展，广告、促销等营销活动日新月异，在引人入胜的诱人杂志和在线视频中，甚至行业内的消费者都很难区分奢侈品与高端品牌（premium brand）。我们可以看到，就价格而言，奢侈品不是唯一高价的产品，某些特定高档品比奢侈品更加昂贵（而某些大众时尚产品则遵循了升级策略，将价格抬升至与入门级奢侈品齐平的高度）。由此可见，如今高档品与奢侈品在价格区间上有所重合。再者，这两种类型的品牌之间形成了产品交叉，比如在同一家商场或者买手店内可能同时出售来自奢侈品品牌和高端品牌的产品，又或是受到营销趋势推动而使得产品类型雷同。[①]

　　高端品牌是奢侈品品牌和时尚品牌两者之间的另一个概念，

---

　　① Kapferer J N，Bastien V. 奢侈品战略：揭秘世界顶级奢侈品的品牌战略［M］. 谢绮红，译. 北京：机械工业出版社，2014：39-45.

该类别的产品更加多样化,涉及定位在中高价位段的品牌。如果奢侈品品牌与稀缺性、质量和讲故事有关,那么高端品牌通常是商品低调的昂贵版本,且更便于使用(比如无须像奢侈品那样进行定期保养),在设计上更偏于现代,紧跟时尚趋势,制造也颇为精良。这类品牌的价值与制造方以及供应商的数量和规模相联系,其商业模式的核心是通过产品专业化和生产优化获得良好的性价比。对于高端品牌来说,需要牢牢把握住上市时间,在更高质量的服装生产和更快的时尚季节性之间取得平衡,并通过利用两种类型的分销商来实现更快的供应链,即直接零售商和中间批发商。[①] 因此,该细分市场的竞争主要包括以下几个层面:

一是高端品牌对更快的流行趋势做出反应,推出的众多产品也几乎能够适应各种国际市场,通过管理其全球价值链保持赢利能力和更快的上市时间。

二是创造规模经济和范围经济,以尽可能获得较为广泛的覆盖范围。而这往往可以通过开设直营门店来实现,同时也可积极与贸易客户和中介机构合作形成广泛的批发分销渠道。

三是该细分市场当下正处于不断膨胀、饱和的状态之中,品牌需要制订有效的营销计划以获取并保持市场份额。在宣传的重点无法落脚于质量或传承价值的情况下,竞争就更加依赖流行因素

① Brownlees T. Identifying Business Models in the Fashion Industry[EB/OL]. (2020-04-17)[2020-11-13]. https://440industries. com/identifying-business-models-in-the-fashion-industry/.

和名人代言,以获得更高的媒体曝光率。

3. 时尚是否消解了奢侈的本质属性

时尚与奢侈的合流以两个时间点为标志。首先是 1994 年,汤姆·福特成为古驰的艺术总监,此时品牌正经历最艰难的阶段——低迷的销售额、缺乏辨识度的产品和毫无噱头的品牌故事。他负责品牌的各个方面,包括成衣系列、视觉营销、包装、室内设计和广告。他将品牌的重心转移至奢侈品零售,为古驰注入了一种当时少见的性感风格,并将其渗透到秀场当中,尤其是那些富有挑衅意味而极具争议的广告,迅速促成了品牌业绩的快速增长,扭转了古驰的亏损。接着就是 1997 年,伯纳德·阿诺特任命马克·雅可布为路易·威登的全球艺术总监,他为该品牌创造了第一个女装成衣系列,塑造了全新的品牌形象。在接下来的任期内,他还与许多知名艺术家和设计师合作,其中和村上隆(Takashi Murakami)合作的包袋一度被视为潮流单品。此后,诸多品牌开始将业务的重心转向成衣与配饰,奢侈品不断年轻化、向潮流趋势靠拢,其与时间的关系自此被重置。

奢侈与时尚之间的规则再次被打破则是在 2010 年后,随着多元文化运动背景下最为瞩目的街头文化的涌入,街头潮牌开始产生无可比拟的影响,为奢侈品品牌带来更多现代化的可能。两者之间的壁垒彻底崩塌,以相互补充、相互促进创造出一个全新的消费领域是大势所趋。尽管有人认为奢侈品与街头服饰的融合是对品牌价值的稀释,但事实证明街头风是将年轻一代消费者带入奢侈品领域的有效手段。带有明显街头风格的"入门级"奢侈品,比如一件普通的巴黎世家的字母 T 恤售价 1200 元人民币,它们在造型上更贴近年轻人,在价格上也容易被更多的年轻人接受。"耐久、优雅"这样的传统特质不再适用这类消费群体,他们用自己的方式创造着独属于自己的文化,重视品牌和服装背后的与自身贴近的文化意义,文化认同感对其而言是终极产品。于是,为了生存,传统奢侈品品牌开始转型,以街头风潮为契机打入年轻市场。2017 年,路易·威登与街头潮牌 Supreme 合作,为其母公司 LVMH 集团在 2017 年的上半年带来高达 23% 的同比利润增长。同年,潮牌唯特萌(Vetements)的联合创始人兼主设计师德姆纳·格瓦萨里亚(Demna Gvasalia)在加入巴黎世家后推出的一款复古厚重"老爹鞋"Triple S,首次引发由奢侈品品牌引领年轻人进行运动鞋消费的潮流。奢侈品品牌启用街头或运动服饰设计师们作为艺术总监的案例还有 Off-White 创始人维吉尔·阿布洛(Virgil Abloh)加入路易·威登,金·琼斯(Kim Jones)加入迪奥男装。①

另一重要事件发生在 2018 年,在古驰的支持下,达珀·丹(Dapper Dan)位于纽约哈林区的精品店得以重新开业。该品牌由来自美国纽约哈林区的黑人传奇裁缝丹尼尔·戴(Daniel Day)

---

① 吴羚玮. 年轻人买奢侈品的真正动机[EB/OL]. (2020-01-20)[2020-11-13]. https://mp.weixin.qq.com/s/EuxxeZTHECT-H6FvzNNI0Q.

创立于 20 世纪 80 年代,结合了古典传统的高级时装与嘻哈文化,因此也受到了说唱歌手埃里克(Eric)和拉基姆(Rakim)、奥林匹克金牌得主戴安娜·狄克逊(Diane Dixon)和拳击选手迈克·泰森(Mike Tyson)等名人的青睐。和聚集着贵族精英、开设有奢侈品精品店的麦德逊大道和华尔街截然不同,哈林区的地铁站涂鸦遍布,铁路轨道摇摇欲坠,距离犯罪窝点不过一站之遥。奢侈品因而成为一个让生活变得更好却又难以触及的美梦,丹尼尔·戴则从中看到了机会——将高级时装融入街头时尚,并突出强有力且高辨识度的奢侈品品牌标志。但对这些奢侈品标志的使用并未得到授权而构成版权侵犯,因此达珀·丹在 1992 年被迫关闭。① 而古驰和达珀·丹破天荒的合作起于一次争议——古驰 2018 度假系列中的一件夹克的造型"借鉴"了达珀·丹 1989 年的设计,在随后顺势展开的合作中,古驰除了赞助达珀·丹的工作室再度营业,还推出了合作胶囊系列,并由丹尼尔·戴本人出镜拍摄了广告。

　　然而,即便奢侈品的表现形式发生了巨大变化,稀缺性和排他性依旧根植于其本质。当生产力不再是限制时,奢侈品的稀缺性便是人为创造出来的概念,而这一特点总能发挥效用的原因就在于,消费者一面强调自己的品味绝不随波逐流,同时又对限量款趋之若鹜。就中国内地的奢侈品市场而言,奢侈品的定义始终与稀缺性相挂钩,除了奢侈品平均价格比全球平均价格高出 20%,中

---

① Vogue Business. 时尚规则是如何被改写的?:上篇[EB/OL].(2019-12-28)[2020-11-13]. https://mp.weixin.qq.com/s/Y7E-2nmhPJoNdXKyR5bVYA.

国三、四线城市的奢侈购物中心和高级时装店依然很少,因此这些城市的消费者"渴望奢华的生活"的愿望也更为强烈。由此可见,奢侈品对于中国的大多数购买者而言仍然是难以获得的,稀缺性成为推动该市场销售和利润增长的要素。原先富裕的消费者购买奢侈品的动机是为了与大众保持距离,而随着社交媒体的出现和消费者价值观念的改变,奢侈品看似不再隐秘或遥不可及,而是包容且可获得的。但现实是,尽管一些奢侈品品牌拥抱"社会包容性"(inclusivity)营销叙事,但决定消费者购买奢侈品的过程往往是由排他性所驱动的。在社会层面上,奢侈品背后的心理学不难理解:通过拥有他人没有的优质物品来获得某些特质,从而划分出边界,并定义自身在社会等级金字塔里所处的位置。[1] 也就是说,奢侈品的力量始终在于传达身份的能力:通过在社交场合中穿戴奢侈品,表示和自己所向往的社会群体拥有一致的消费观和世界观。随着社会阶层概念的模糊,奢侈品已然成为社交货币与社会的潜在等级的识别凭证,而时尚的门类足够五花八门,成为社会上不同人群现自身独特性的工具,每个人都能在其中找到自己所属的群体。然而,当奢侈品品牌为实现现代化而借鉴时尚的经验时,必须警惕的是两者在商业模式上的区别,它们吸引消费者的方法截然不同。像路易·威登、巴黎世家、古驰等传统奢侈品品牌能够成功实现年轻化的转变,原因恰是在于其遵循了奢侈品四大战

---

① Solca L. 别被"包容"蒙住了眼:"排他性"对奢侈品牌依然重要[EB/OL]. (2019-11-04)[2020-11-13]. https://mp. weixin. qq. com/s/ql1c5oNksy9IITBpIWH-Fg.

略模型逻辑,即维护品牌的永恒性,聚焦当下不断更新,与时俱进完善并强调经典,以及适时地突出先锋性。[①]

凡勃伦在 1899 年发表的《有闲阶级论》奠定了我们这一个多世纪以来对奢侈品的理解:身份显赫的人需要寻求能彰显其地位和财富的产品来消费,也形成了我们对传统奢侈品品牌的理解。不过"旧式奢侈"已经显得不合时宜。随着文化通货价值成为主流关键词,奢侈品行业的未来在于经营者能否真正领悟奢侈品与价值两者是如何在一个日新月异的市场中被不断重新定义的。[②] 而在时尚——更确切地说是街头时尚——与奢侈品的碰撞融合之间,诞生了一种全新的奢侈主义:一种以文化价值为依托、强调参与感的生活方式,将巧妙灵感以高水准执行力呈现出来。

三、互联网与数字化

1. 奢侈品行业数字化进程与现状

时尚商业评论(BoF)联合麦肯锡发布了《2020 年度全球时尚业态报告》,其中一项旨在研究 2019 年品牌业务三大影响因素的调查显示,"争夺数字高地"以 49％的比例位居受访品牌所选因素中的第二(仅次于占比 50％的"谨慎情绪滋生")。当下全球的经

①　Kapferer J N,Bastien V. 奢侈品战略:揭秘世界顶级奢侈品的品牌战略[M]. 谢绮红,译. 北京:机械工业出版社,2014:99-112.

②　Vogue Business. 什么是新奢侈主义?[EB/OL].(2019-12-14)[2020-11-14]. https://zhuanlan. zhihu. com/p/97317648.

济活动无不受到互联网潮流带来的洗礼,位处前沿领域的"数字化"(digital)趋势自然也引发了奢侈品行业领袖的共鸣。奢侈品品牌从怀疑谨慎、保持距离,到热情接纳、积极把握这一强劲的时代脉搏,使"数字化"这个词在有关奢侈品行业的表述中愈加频繁地出现。数字化不断改变着奢侈品行业的形态,并成为行业增长的动力之一,随之诞生了新的产品、商业模式和零售渠道,吸引和留住消费者的能力和方式也不同于往昔。

Net-a-Porter 和 Farfetch 等多品牌奢侈电子商务网站的成功运营,诠释了数字如何重塑分销渠道,并证明了在线零售的可能性:奢侈品能够在这个全新领域保持自己的光环,为客户提供与线下实体精品店同等水准的个性化服务和卓越购物体验。截至2016 年底,配饰、服装、美妆和香水、鞋履、腕表和皮具等高端奢侈品的在线销售占全球价值 2540 亿欧元的奢侈品市场的 8%,预计到 2025 年,在线奢侈品销售将达到 740 亿欧元。[①] 显然,消费者愿意支付在线奢侈品购物所需的溢价,传统奢侈品品牌认为在线零售只适合作为中低端奢侈品分销渠道的成见由此被打破。知名奢侈品品牌纷纷开拓线上零售业务,包括:在内部创建新的团队,通过完全拥有的内部平台进行销售;向外部拓展电商业务,通过第三方经销商进行销售。至此,奢侈品品牌进入了全渠道世界,与消

---

① Woodworth S. The Future of Online Luxury Retail[EB/OL]. (2019-12-25)[2020-11-15]. https://luxe. digital/business/digital-luxury-reports/future-online-luxury-retail/.

费者之间形成了更多的接触点(touch point)。大多数消费者在购物之前、期间或之后都会使用数字渠道,来寻找、比对并完成奢侈品及其服务的购买,从而获得更为多样化和个性化的消费体验。尤其在实体店铺位置并不总是方便消费者到访的情况下,在线零售也能通过提供在线专属服务,保持与消费者的沟通。

　　"8％奢侈品销售额来自互联网"的确说明互联网是十分高效的分销渠道,并且拓宽了奢侈品品牌的竞争范围,使其得以接触到非目标消费群体,但当下更为重要的一个契机则是"80％的奢侈品销售受到互联网影响"。互联网首先与品牌最年轻受众群体建立了联系,使得数字化在奢侈品中的重要性日益提高。在奢侈品消费群体中,千禧一代(1981年至1994年出生)和Z世代(1995年至2010年出生)人数占比30％以上。截至2018年,18岁至35岁的消费者贡献了全球范围内奢侈品市场85％的增长,预计到2025年,全球奢侈品消费额中的45％将来自他们。① 但年轻的消费者并非将奢侈品品牌拉向数字化的唯一力量,实际上,数字化影响到了所有消费群体。生活在受益于互联网的当代信息社会,大多数消费者普遍拥有笔记本电脑、智能手机、平板电脑等移动设备,他们热衷于数字化生活方式,互联网成为他们检索信息的首要甚至是唯一的选择,并在其悉心经营的社交媒体平台上分享着自己的

---

　　① Turan N. How Can Luxury Brands Create a Progressive Digital Strategy[EB/OL].（2019-01-22）[2020-11-15]. https://econsultancy. com/luxury-digital-brands-revolution-strategy/.

日常生活、见闻和观点。

消费者对互动的需求和对品牌网络声誉的影响促使各奢侈品品牌成立数字信息部门,着手规划相应的策略,通过互联网(尤其是社交媒体)实现宣传推广,包括:提供品牌信息,让消费者了解产品和品牌;讲述品牌故事,以某种方式传递品牌的精神与情感;强化该品牌的 DNA,提升知名度;实现关于可持续理念和社会责任感的独特阐释。此外,充分利用地理定位功能和客户关系管理(customer relationship management,简称 CRM)系统①也让品牌受益颇多。与此同时,奢侈品品牌需要解决曝光在与自身价值观相悖的社交网络上可能面临的品牌形象淡化危机,明确数字化在其品牌发展中扮演的角色,与时俱进地调整其数字化战略,融合数字领域的"3C"(商务:commerce;编辑内容:content;社群:community),实现奢侈品的永恒性、稀有性与网络的及时性、亲民性的最佳结合效应。②

2. 进化中的数字化广告

纪梵希曾说:"奢华存在于每一个细节之中。"(Luxury is in each detail.)对于奢侈品品牌来说,在离线和在线两种情境下都必

---

① CRM 系统能够协助品牌与客户建立长期关系,包括:跟踪受众与品牌网站有关信息的交互;发送旨在说明品牌故事并培育潜在客户的自动电子邮件流;提供潜在客户与公司代表的直接联系机会;以更有效的推荐方式获得新客户;了解有关受众的观点以改善品牌未来计划的定位等。

② 圣马里. 理解奢侈品[M]. 王资,译. 上海:格致出版社,上海人民出版社,2019:71-72.

须专注于每个方面,以创造一致的体验、强调排他性,这是奢侈品数字化营销策略中的基石,始终展现独具一格的奢华氛围。社交媒体所发布的每条动态,以及和品牌相关联的每条广告、每篇新闻报道,包括图片、视频、文案、创意、标志和互动在内的细节,应当在保持真实的基础上坚持质量至上的原则,给消费者提供符合其期待的品牌形象。毕竟,对于奢侈品领域来说,出售梦想以引发消费者的憧憬是行业关键的商业因素,而除了产品本身,其所处环境、背景和品牌经历等元素都是其附加价值来源。因此,奢侈品必须置身于一个能够凸显其价值的环境,而媒体就承担着营造奢华氛围的任务,新闻报道、杂志文章等传统媒介都潜在地影响着大众关注品牌和获取信息的方式。

直到现在,大多数人在想象奢侈品世界时,其固有的印象的形成很大程度上得益于这种传统推广形式:近乎完美的缪斯、兼具创意与美感的视觉效果、蜚声国际的醒目商标……印刷在 *Vogue*、*ELLE*、《时尚芭莎》的内页上,有时甚至占据整个版面。诸如此类的高端时尚杂志每月或每季度的周期性发布,在铜版纸上构思广告宣传,专注于策划一个系列或一个产品的特辑,逐年累月地建立起品牌的地位、形象和声望,成为最具象征性的推广工具。因此,随着奢侈品行业不断增加互联网广告投资,出版物本身的历史性影响力和无可争辩的正统性创造出的一系列辨识规则,依旧是当下奢侈品利用数字化广告作为传播媒介进行自我定位时的基准和塑造品牌的高端形象、维护良好声誉的手段。[①]

　　奢侈品的宣传推广建立在讲故事和独特体验之上，而数字化广告在呈现故事这点上十分有利，其重点在于用内容来赢得消费者的注意力。但这远比在纸质媒体上进行推广复杂，除了借鉴传统出版物将摄影作品和设计过的字体精心编排后发布，新的广告创作形式也日趋丰富，衍生出原创广告、专题策划、品牌合作策略、赞助、代言、软文创意等品牌内容营销手段。[②] 同时积极优化拓展宣传的载体：丰富品牌网站形式；创作专题网页(minisite)和应用程序(APP)来推广产品和活动；从搜索关键词开始，对可能促成最终购买的各个环节和渠道做全面部署。

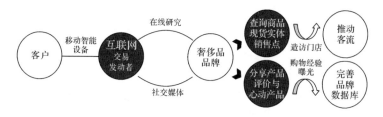

数字化奢侈品消费影响导图

(1)社交媒体与影响者

　　2019 年 9 月，脸书(Facebook)宣布其月活用户数量达到了 25 亿，Instagram 和微信的月活用户在 10 亿以上，可以想象全球几大

　　① 圣马里. 理解奢侈品[M]. 王资，译. 上海：格致出版社，上海人民出版社，2019：74-75.

　　② 布欧纳. 奢侈与数字：数字时代品牌生存之道[M]. 袁鹰，叶欣欣，译. 北京：人民邮电出版社，2018：103-113.

社交媒体巨头触达的用户总量有多么惊人。尽管在很长一段时间内,奢侈品品牌都认为其价值与社交媒体宣扬的透明度、即时性和彼此分享的价值相悖,但在过去十年中,社交媒体营销对奢侈品品牌的数字化进程所具有的意义日渐显露出来,激发着奢侈品行业未被开发的潜力。首先,作为当今全球奢侈品品牌广告策略的重要组成部分,社交媒体影响着新时代奢侈品的销售业绩;其次,社交网络所具备的有效互动与反馈机制,为品牌与潜在客户之间建立起情感连接和忠诚度提供了机会。

奢侈品品牌提前创作的优质趣味内容以多样形式呈现,如摄影大片、动画片、短视频、微电影等。这些内容有无限的组合可能,因此在利用多个社交平台进行发布时,品牌需要不断探究,确保该平台与品牌 DNA 和定位匹配,针对每一个社交平台的特有逻辑来构建其专属内容和活动,并根据不同平台上用户的行为调整策略。

· 读图时代的 Instagram　比起纯文本,40％的人更易被视觉信息吸引,加之数字化图片进一步地可被触摸与放大感知,因而图片成为在社交媒体上被分享最多的媒体形式。而 Instagram 作为视觉叙事和探索交流平台,覆盖从高级时装到旅游等多个行业,也吸引着从美食家到旅行家、从艺术品收藏家到奢侈品爱好者等专业人士。时尚类品牌在这一平台上也最早出现。如今 86％的顶级品牌均设有 Instagram 账户,路易·威登、迪奥、香奈儿等品牌拥有数百万关注者。依靠展示审美上令人愉悦的图像和理想生活方式,Instagram 在视觉上具有极强的艺术性,还允许用户使用一些插件拦截广告和邮件,大大减少了商业气息。这使得该平台产生了日均超 5 亿人次的访问量。对于出售梦想的奢侈品品牌来说,Instagram 既是一块没有视觉污染的乐土,又是能够作为其吸引消费者的重要工具。[①] 在一项调查中,有 27% 的千禧一代用户承认 Instagram 影响了他们的购买决定,49% 的用户则表示关注品牌 Instagram 账号有助于加强他们与品牌的联系。事实上,品牌的关注者数量与销售之间存在着显著的线性关系,因而成为奢侈品投资者所关注的指标之一。奢侈品品牌发布具有创意的视觉内容来展示品牌基因和传递品牌价值时,能在兴趣和情感层面获得关注者的共鸣,增加即时销售和未来销售的可能性,尤其是在引入通过产品图片链接购物功能后。

· **影响者的力量** 在数字化的框架下,影响力可以被定义为一种"数字漩涡",受到影响力的群体被引导至同一个方向,而那些指明道路的人正是"影响者"(influencer)[②],也被称为关键意见领袖(key opinion leader,简称 KOL)。奢侈品领域的影响力建立在人们对品牌的憧憬和拥有奢侈品的愿望之上,社交媒体能激发对奢侈品的想象与欲望,主要依赖于那些备受关注的与奢侈品或时尚行业有密切联系的影响者:娱乐明星、超级名模、知名设计师、时

---

① 布欧纳. 奢侈与数字:数字时代品牌生存之道[M]. 袁鹰,叶欣欣,译. 北京:人民邮电出版社,2018:84-88.

② 布欧纳. 奢侈与数字:数字时代品牌生存之道[M]. 袁鹰,叶欣欣,译. 北京:人民邮电出版社,2018:48.

尚博主……其中,时尚博主们被推到前沿,成为投资对象的现象开始于 2009 年杜嘉班纳的发布会。因为博主在自己的平台上展示信息的同时,还有能力在社交网络上施加影响,发挥着微型广告代理机构的功能,他们出售的是自己的推广能力。以建立时尚博客 theblondesalad.com 为起点,琪亚拉·法拉格尼(Chiara Ferragni)是最早获得成功的自媒体之一。她在 2017 年被《福布斯》(*Forbes*)评为全球顶级时尚影响者,其成功案例也成为哈佛商学院的研究对象。她不仅出现在各大活动的红毯上,也和卡地亚、迪奥、香奈儿、路易·威登等奢侈品品牌有着大量的合作。

与像琪亚拉·法拉格尼这样拥有数百万关注者的博主合作,所需支付的费用已远远超过两万欧元,但却是大多数奢侈品品牌默认预算的一部分,公司内也开始设立处理与博主关系的职位。奢侈品品牌可以帮助影响者树立更高水准的形象,而影响者则可以带动该品牌在行业中的话题性与关注度。对于奢侈品品牌而言,影响者的发挥效用往往基于其自身素质与品牌的契合程度,以及他与粉丝的互动质量。最重要的是,影响者需要保持真实,这既是粉丝保持对其关注的原因,也是影响者与奢侈品开展合作的立足点——通过与其特定的生活方式相关联来推广产品或宣传活动。Whalar 的副总监塞西莉·贝尔(Cecily Baer)对此做出进一步解释:"影响者营销变得日益重要的原因在于粉丝们的信任度,影响者也因此成为行业中的权威。当粉丝看到其信任的影响者在发布的内容中带上了广告标签或商业合作说明时,他们并不会介意,因为这是一项出于影响者自身对品牌的喜爱与认同才开展的合作。这对于品牌来说可以发展为一种更稳固且深入的战略。"①

（2）搜索引擎的优化利用

世界排名前 15 的奢侈品品牌拥有每年超过 4500 万次的网络搜索量。尽管这是人人都乐于在社交媒体获得热度的时代,但事实上,在搜索引擎上购买关键词排位是奢侈品品牌数字化广告投资中最主要的支出,因为通过搜索引擎被吸引至相关网站页面的流量被证明最终能够转化为销售额。谷歌(Google)发布的消费者报告显示,千禧一代习惯于使用谷歌和必应(Bing)等搜索引擎进行信息检索,这构成了在线业务中的入站流量。因此,只有确保相关网页实现搜索引擎优化(search engine optimization,简称 SEO)时,才能有效增加品牌点击率并实现业务转化。

绝大部分搜索是由各种不同的接触点驱动的。从社交媒体发布(例如 Instagram)到在线公关(例如 *Vogue* 上的文章),这些内容都可以触发搜索查询,并使得客户被动地发现与该内容相关的更多信息。可见搜索查询与社交媒体、销售渠道的各个部分紧密相连,所以,明确在线消费者搜索行为背后的意图,分析其可能进行检索的信息类型,大致包括导航类（navigational）、信息类（informational）和交易类（ransactional）,同时紧密围绕核心社交

①　Saladich C. Top Five Digital Marketing Areas to Focus on in Luxury Fashion in 2019[EB/OL]. (2018-11-27)[2020-11-15]. https://medium. com/@ clarasaladich/top-five-digital-marketing-areas-to-focus-on-in-luxury-fashion-in-2019-326ed94d7609.

媒体发布的内容来构建付费搜索中的关键词至关重要,并完善反向链接(backlinks),即从其他网站指向品牌自身相关网页的过程,以提高站外链接点击率。当用户完成检索,通过链接进入品牌网站时,为保证在线消费者停留的时间,品牌应合理构建网站并不断优化,创建坚实的内容基础。各大奢侈品品牌官网往往集成了优质内容,进行合理的布局,加入强大的搜索和导航功能,并且兼顾了与用户体验相关的细节。这些因素均以一种非常微妙而又有效的方式融入了排他性,表现其在该领域内的专业性和权威性,从而激发奢侈品目标受众的购买欲望。

3. 数字化新挑战与未来

对奢侈品品牌而言,横亘在数字化面前的一大阻碍始终是奢侈品传统意义上的排他性和网络世界的包容性与多样性之间的矛盾。在社交媒体上,消费者可以对任一品牌的历史、产品和服务发表个人化的评价,因而品牌需要在电商业务、编辑策略、活跃的网民社群之间创造并维持一种协调性。在线搜索、数字营销、视频播放和 Instagram 等社交渠道的确对于消费者做出购买奢侈品的决定起着至关重要的作用,但并没有直接证据表明用户在社交网站上的行动轨迹与奢侈品品牌的在线销售额之间存在关联,毕竟人人都可以随时关注香奈儿、路易·威登或者迪奥,为它们发布的内容点赞,保存并分享它们的图片,又或者在推特(Twitter)等社交平台上推送与之有关的信息,而此类在线活动最终能否转化为在线购买还存疑。

如今,过度的营销广告刺激促使消费者对待消费更加理性,任何过于明目张胆地贩卖商品的广告形式都只会适得其反,消费者甚至已经精明到能够对品牌唯利是图的说辞进行分析与解读。比如在 Instagram 等现有的社交媒体平台上,曾经通过建立粉丝群和利用网红的粉丝来触达大量受众的途径已经不再那么有效了,在该平台上发布的赞助内容互动率已经从 2016 年第一季度的4％下跌到了 2019 年第一季度的 2.9％。这一残酷现实反映出的问题是:简单地展示模特和博主们与产品的静态合照,不再能触发消费者的情感与共鸣。奢侈品品牌在利用影响者进行营销活动时应更为谨慎,避免实施把奢侈品赠予太多人的大众市场战略。今年早些时候,迪奥重新推出了约翰·加利亚诺(John Galliano)时期的知名手袋——马鞍包(Saddle Bag),开展了一系列大规模的营销活动,其中就包括将该手袋作为礼物赠送给众多影响者。有业界人士指出,尽管这是一次成功的活动,但它具有使品牌贬值的风险。"即使品牌声誉受到威胁,迪奥的品牌知名度也达到了令人难以置信的水平,并且仍然使许多人渴望购买马鞍包。作为一项长期策略,奢侈品品牌只能考虑将其作为一次性的措施,避免损害其作为奢侈品的形象。"①

---

① Kataria S. The Complete Guide to Luxury Digital Marketing[EB/OL]. (2019-09-08)［2020-11-15］. https://www. luxuryabode. com/blog/the-complete-guide-to-luxury-digital-marketing/artid38.

一方面,当下社交媒体因传统的互动模式而增速放缓,用户在一些主要平台上花费的时间也越来越少,吸引眼球的内容将是解决问题的关键。另一方面,随着影响者角色的不断演变,很多缺乏有效目标受众的影响者逐渐被淘汰,拥有高教育水准的专业时尚影响者对市场有着更深刻的见解,开始成为品牌值得信赖与投资的对象。作为优质内容产出者,他们通过写作机制传递品牌信息,将信息、效率和娱乐三者结合起来,在维持网民注意力的情况下融入品牌的内涵,将广告言辞中的全部商业属性剥离,这便是由法国高等信息传播学院(CELSA)的研究员德·蒙迪、贝罗特-艾吉和巴特安-勒克莱尔提出的去广告化概念。[①] 具有良好叙事效果的内容在传播过程中通常能引起良好的反响,对于奢侈品业务尤其如此,"内容"无疑将成为影响该行业发展的重要趋势之一,同时需要采用价值优先的方式实现与客户的沟通,比如邀请客户对某些项目做出回应,让客户对品牌的可持续发展或者社会责任感产生共鸣。

(1)视频时代的来临

视频作为内容策略之一,其需求随着现代数字营销愈发重要而迎来爆炸式增长。有超过一半的消费者表示,他们会在社交媒体上观看品牌发布的某一则视频后便选择与之互动。因此基于产品和服务,从品牌推广到社交媒体活动,创建和发布在线视频内容

---

① 布欧纳. 奢侈与数字:数字时代品牌生存之道[M]. 袁鹰,叶欣欣,译. 北京:人民邮电出版社,2018:112.

已成为至关重要的营销工具。奢侈品品牌也开始在主要的社交视频平台投入大量资源,并在社交媒体和重要网站嵌入视频广告,利用契合品牌的内容和视频类型来为奢侈品消费者打造有效的内容。在动态视觉形式中穿插引人入胜的品牌故事,能够进一步放大视频作为最有力的讲故事渠道的功能,传达出必要的情感和价值主张,以说服潜在的消费者准确感知品牌。而最成功的奢侈品视频往往需要贴近现实,比如展示品牌发布会后台忙碌的场景。事实上,比起高级内容或优质广告,此类实时共享幕后发生的事情获得的参与度反而更高。迪奥是利用社交视频的奢侈品品牌之一,通过开放社交渠道让观众一窥幕后花絮。比如 2017 年 3 月,迪奥将 109 个相关的视频上传到 YouTube,Instagram,脸书和推特,总共产生了近 1600 万的观看次数。这些内容给予了观众对品牌档案一探究竟的机会,比如该品牌多年以来所使用的蓝色调的华丽合集。在参与度方面,35 岁以下的观众关注美妆类和娱乐明星的视频,着重研究奢侈品品牌如何使他们看起来更漂亮。而年纪稍长的观众则更专注于那些探讨品牌工艺和发表深入见解的视频发布者。[1] 由此,奢侈品品牌提供内容的另一解决方案是需要结合年龄、兴趣和行为等数据提供更相关的视频,精准投放视频至目标消费者常用的平台以引导其进行观看。

---

[1]　Stern A. Luxury Brands Perform Differently When It Comes to Online Video [EB/OL]. (2017-04-12) [2020-11-15]. https://tubularinsights. com/luxury-brands-online-video-report/.

　　YouTube 是世界上访问量巨大且最为流行的视频共享网站之一,它吸引了从 Z 世代到婴儿潮一代(1946 至 1964 年出生)之间的几乎每个人,发展为能够接触不同类型受众的关键平台。有五分之三的 YouTube 订阅者会根据自身喜好订阅频道,并从他们所关注的创作者(YouTuber)那里获得购买建议。充分发挥 YouTube 作为营销工具的优势,有助于奢侈品品牌与年轻市场的受众建立起联系,而拥有大量订阅者且影响力非凡的 YouTubers 成为弥合差距的关键。[①] 通过密切合作,奢侈品和 YouTubers 之间建立了积极的联系,创造出吸引年轻市场的内容,使品牌产品、服务和价值得到进一步推广。尤其是自 YouTube 聘请德雷克·布拉斯伯格(Derek Blasberg)在 YouTube 内成立致力于时尚和美容合作的新部门后,奢侈品品牌开始纷纷向 YouTubers 抛出橄榄枝——从出席纽约大都会艺术博物馆慈善舞会(Met Gala)到受邀参加知名时装周。“我加入 YouTube 的第一个目标就是缩小顶尖奢侈品品牌和 YouTubers 生态系统之间的鸿沟。这些创作者制作内容的真实性是其引人注目的原因之一,这也是未来数字化的时尚媒体可以借鉴参考的良好典范。”艾玛·张伯伦(Emma Chamberlain),这名年仅 18 岁的社交网络明星凭借其制作的一系列分享生活日常的怪趣视频而在年轻一代中广受欢迎,仅仅在

---

　　① Depino F. YouTube Marketing Opportunities for Luxury Brands[EB/OL].(2017-07-11)[2020-11-15]. https://mediaboom.com/news/youtube-marketing-luxury-brands/.

YouTube 这个平台上就坐拥超 800 万的粉丝,她也因此被邀请参加巴黎时装周期间路易·威登 2020 早春系列发布会,并出现在路易·威登开设于 YouTube 的频道 LV TV 中,她参加了其中一档叫作"和 Capucines 的一天"(*A Day in the Life of the Capucines*)的栏目。该栏目旨在创造不同版本的 LV 经典手袋 Capucines 和各个杰出女性的日常时刻之间的奇妙相似性,参与其中的还包括奥斯卡影后艾玛·斯通(Emma Stone)和超模卡莉·克洛斯(Karlie Kloss)这样的知名女星。①

另一风头正劲的视频社交媒体平台是由字节跳动(ByteDance)发布于 2016 年的短视频应用程序——抖音(TikTok)。抖音是最大的新兴社交媒体平台,在全球下载排名中处于领先地位,其绝大多数用户是年龄在 30 岁以下的群体。在某种程度上,抖音提供了一种具有前瞻性的发展可能性。首先,人工智能是构成抖音互动不可或缺的一部分,用户主页上的明显特征就是由人工智能驱动的内容瀑布流。这意味着,尽管所有内容将在同一个平台上直播,但是系统能够识别不同用户的需求与喜好,从而为其量身定制用户体验。抖音的一个颠覆性技术是在 2019 年 9 月发布的视频内搜索功能,使得用户在观看视频时能通过放大画面点击感兴趣的产品直达相关内容,甚至直接转入产品购买

---

① PERSPEX：Why Do Luxury Brands Collaborate with Youtubers［EB/OL］.(2019-09-29)［2020-11-15］. https：//www. per-spex. com/articles/2019/9/29/why-do-luxury-brands-collaborate-with-youtubers.

页面,也就是说即使是普通用户制作的内容也可能产生潜在的销量。但将内容创作转化为销量的前提是,品牌需要根据抖音平台的特性创作出令人信服的超高质量内容,且与品牌基因和目标匹配。毕竟在抖音这样一个高互动率的平台上,要想与目标消费者建立起联系,仅仅重复曝光在其他渠道已经发布的广告视频并不能见效。足够敏感的品牌不会错过在不同平台上部署专门社交媒体战略的机会,比如普拉达、汤丽·柏奇(Tory Burch)、博柏利等品牌都在 2020 年开始相继入驻 TikTok。其中普拉达采取的策略是在完全投入抖音内容创作之前,首先与该平台上的影响者合作。米兰时装周期间,15 岁的美国社交媒体红人查莉·达梅利奥(Charli D'Amelio)出现在普拉达的时装发布会上,她将在现场捕捉到的场景分享给其关注者,和普拉达有关的一条热度最高的短视频获得了 57 万点赞量、6.4 万次分享和 368 万次观看。这不失为一种明智的策略,毕竟早在迪奥开设抖音账号时,就有人质疑,鉴于奢侈品的溢价和排他性,在抖音上进行营销产生的销售转化率并不具备说服力。[①]

(2)垂直互动的社交电商

"你发现社交媒体上分享了很多东西,却很难知道哪些值得信任。如果一个平台通过标记系统能区分哪些人具备哪些主题的专业知识,那么这样的平台会有很大的需求量。"(亚什·梅塔)针对

---

① Richards K. Luxury Brands Go all in on TikTok [EB/OL]. (2020-02-27) [2020-11-16]. https://digiday.com/marketing/luxury-brands-go-tiktok/.

性反映现实生活的垂直社区恰好为品牌提供了与顾客沟通的独一无二的机会,各大品牌正在与这种平台合作销售产品。微信推出了嵌入式小程序,使用户能够通过微信进入其他平台,同时在不离开微信界面的情况下完成交易,像路易·威登、思琳和迪奥等奢侈品品牌均在微信上对各自的小程序使用了游戏化的手段;直播平台也是奢侈品品牌直播走秀、发布美妆教程视频、利用网红与明星做产品广告的重要途径;而以小红书为代表的社交电商发展势头尤为强劲,尤其是在中国,到 2023 年,社交电商的销量将达到 1660 亿美元,约占中国线上总销量的五分之一。①

小红书成立于 2013 年,最初的业务范围是向用户分享购物体验和出国旅行建议,之后针对核心用户(特别是 20～35 岁的精英女性)的主要关注点海外购物,开始建立跨境电商业务模式,为帖子中的商品加标签并链接到对应的购买页面,为用户提供无缝购物体验,成功开创了社交媒体内嵌电子商务功能的先例。该平台目前共有超过 2 亿用户,并拥有超过 3000 万的月活跃用户,每天产生近 20 亿次的笔记曝光,内容覆盖时尚、彩妆、护肤、美食、旅行、健身等多个领域,在社区内为不同用户提供定制式的社交小众市场体验。其内容推送能够为消费者精准提供最具时效和细节的评测,这促成其迅速发展为最受年轻人热爱的生活方式平台和购物决策的"主流选择",聚集了奢侈品品牌所极力拉拢的千禧一代

---

① BoF. 2020 全球时尚业态报告[EB/OL]. (2020-02-20)[2020-11-16]. https://tpskg. duanshu. com/#/brief/column/fdaaaf8d923f45dd9949a936c38ad5ed.

核心用户群。中国中产阶级中的千禧一代购物者"渴望归属和亲近",希望通过直接沟通了解所青睐的品牌,而小红书也恰在奢侈品品牌与消费者进行诚挚沟通上高度匹配。2019 年 5 月,路易·威登成为开设小红书品牌号的首个奢侈品品牌,这是其在中国本土化数字营销中的又一探索性策略。此前,小红书上还曾成功将路易·威登的一款手袋打造成了"小爆款",该款手袋被称为"福袋"。路易·威登发布的社交内容是为中国年轻受众社交习惯量身定制的,完美复刻了小红书惯有的表达形式,撇去华丽冰冷的言辞,转而使用轻松的对话方式,还邀请了明星和时尚 KOL 共同打造"种草"笔记,以增加小红书用户对品牌的黏性与好感。[①]

四、离域生产

1. 巴黎世家"老爹鞋"与莆田制造

巴黎世家近年来推出的"老爹鞋"(Triple S)是奢侈品鞋款中最受欢迎的一款球鞋,销量在奢侈品鞋款中一度位居榜首,并占了超过一半的市场份额。然而,在 2018 年初有消费者指出,其所购买的这一售价 850 美元的球鞋上标注的出产地为中国,而非原有的意大利。随后官方的回应证实了负责生产该款产品的制造商已

---

① Elisa. 路易·威登没有官宣,却连续在中国社交媒体上创下两个奢侈品业第一[EB/OL]. (2019-06-28)[2020-11-16]. https://new.qq.com/omn/20190628/20190628A0TE52.html.

从意大利转移至中国莆田,官方声称原因是莆田的厂家更具有生产轻量级的鞋子的能力,但产品并没有因此降价。[①] 实际上,从服装到手袋、珠宝到手表,所有的奢侈品行业几乎都在本国以外的地方拥有生产点,这被称为离域生产。离域生产随着经济全球化和全球供应链模式的出现而发展,并且已经成为几乎所有制造业的规则。如此看来,离域生产似乎是奢侈品品牌在产品生产和制造方面顺应了全球化——在经济全球化的背景下有相关学者提倡无形经济,认为西方国家应该把生产领域留给新兴经济体,自身则专注于创造、营销等方面,比如苹果公司强调的是"加利福尼亚苹果公司设计",以创意与设计而非产地赢得利益和声誉。

在奢侈品行业,离域生产可细分为两种情况:一种是将产品的原产地、代工厂转移至亚洲等劳动力成本相对较低的地区,结果是通常会引起消费者的抵制心理。较早采取该类策略的是美国轻奢品牌蔻驰。在 1996 年刘易斯·弗兰克福特 (Lewis Frankfort)担任首席执行官后,蔻驰就开始打上了"中国制造"的标签。降低生产成本后,该品牌净利润曾高达 70%。受到蔻驰的鼓动,越来越多的奢侈品品牌加入转移产地的阵列,但因为害怕品质打折和产品形象受损,品牌方往往对外宣称他们的产品是由意大利和法国的工匠制造出来的。随后,以经典格纹和风衣著称的英国奢侈品品牌博柏利宣布在 2006 年关闭了原产国的工厂,将风衣的生产制

---

① 北京商报. 当巴黎世家遇见莆田 [EB/OL]. (2018-03-06) [2020-11-16]. https://new.qq.com/omn/20180306/20180306A1496M.html.

作移至中国。该品牌前总裁安吉拉·阿伦茨（Angela Ahrendts）认为与法国和意大利奢侈品品牌不同，英国制造并不是博得消费者青睐的战略要素，取得消费者青睐靠的是英伦风格。2011年，普拉达也公开声明其约20%的产品，包括男女包袋、鞋履和服装等，都为中国制造。除去同年为公司在中国香港首次公开募股之前吸引亚洲的投资者外，另一重要目的则是为品牌节省资金。早前普拉达也曾被诟病其手袋产地为中国，最后该品牌将"意大利制造"改为"普拉达制造"，以淡化其原产国应是意大利的信息。

对这些选择进行离域生产的公司来说，生产更多涉及经验层面的问题，而随着大型西方企业将基础型和劳动密集型生产向亚洲转移，其技术和质量标准也被转移至亚洲。要知道，在中国，即便在近几年人工成本快速上涨的情况下，品牌所需支付的制作意大利皮具的人工费也仅是意大利本土的十分之一，并且在江浙、福建、广东一带，已经形成了完整的皮具代加工产业链。因此，在亚洲等地区的国家生产不会使品质受损，反而能以更低的成本获得更大的产量，在维持原价格不变的情况下，满足巨大的市场需求，实现盈利并扩展业务，也为股东提供更多的收益。

另一种则是为寻求或保护非本国所有的独特生产工艺，因此向外迁地发行许可证或者自行建设工厂，为品牌创造本国生产无法实现的增值。香奈儿始终强调其腕表原产地为瑞士。这一高级时装品牌在1987年推出了首个腕表系列——PREMIÈRE腕表，灵感来自旺多姆广场轮廓和5号香水瓶塞凸圆外形的八边造型，并在1993年并购位于瑞士拉夏德芳的G&F Châtelain制表厂,在这里集中完成从生产表壳表带到安装瑞士专门厂家生产的先进机芯的每个环节,并严格进行质量监督,同时,创新利用瑞士的传统制表技术与高科技技术设备,使腕表成为品牌的第三个支柱产业,不断地发展和壮大。①

2. 原产地效应

中国在作为当下世界上最大奢侈品消费国的同时,自20世纪80年代开始成为众多国际知名奢侈品品牌产品的重要加工国。但调查数据显示,超八成的中国消费者会因为奢侈品品牌标有"中国制造"(Made in China)的字样而不愿继续购买,原因在于他们希望自己购买的高价奢侈品能够与产品的原产国文化环境、传承的稀有制作挂钩。的确,奢侈品所具有的附加价值和高溢价能力的来源之一就是其所代表的国家特征和文化,一旦进行离域生产,就会无法达到消费者的购买预期。因此,尽管公开原产地信息能赢得消费者的信任与忠诚,但大部分奢侈品品牌对离域生产的话题始终保持避而不谈的态度。

巴黎银行证券部(Exane BNP Paribas)与Contat Lab合作对全球主要奢侈品品牌网站上公布的原产地情况进行的调查发现,公布的情况可分为四类:一是完全公开透明地发布原产地信息,几

---

① iDailyWatch. 香奈儿腕表［EB/OL］.（2019-12-09）［2020-11-17］. http://iwatch.ly/e/62/44fjlN.

乎所有商品的产地都有据可查,如葆蝶家、华伦天奴、圣罗兰、古驰、芬迪、托德斯。二是只在高端产品线页面上公布"××制造"的信息,其中,博柏利、阿玛尼、拉夫·劳伦在高端线产品信息中标明了原产国制造,在低端线产品上却只贴上"进口"的标签。三是很少甚至不会在网站页面上披露原产地信息,尽管它们会在某些场合宣称某些产品为原产国生产,包括爱马仕、路易·威登、杰尼亚和菲拉格慕。四是在网站页面上对原产地信息介绍甚少,是否产自品牌原产国无迹可寻,如香奈儿、迪奥、普拉达、杜嘉班纳、雨果·博斯(Hugo Boss)和汤丽·柏奇。[①]

这与品牌标注产地的规则有关。当产品的制造信息被隐藏在标签里,只要成品是在原产国完成最后的组装,也都能够被贴上诸如法国制造、意大利制造的标签。这是由于随着生产超出地域限制,品牌的重要性超过工厂,"××制造"的含义也被广义化,在此背景下,广义上的原产国应解释为:被消费者用于与某种产品或品牌的来源相联系的特定国家。目前,各个国家都在各自的法律中规定了构成可使用原产国标签的条件:一件产品在原产地境内生产部分必须达到一定比例才能使用原产国标签。[②] 而当"奢侈"一词被用来创造销量,往往意味着品牌开始不再遵循奢侈品模式。

---

① Solca L. 原产地标签是贴还是不贴?[EB/OL]. (2015-06-22)[2020-11-17]. https://cn. businessoffashion. com/articles/news-analysis/the-made-in-dilemma-to-label-or-not-to-label-2.

② 萨维奥洛,科贝利尼. 时尚与奢侈品企业管理[M]. 江汇,译. 广州:广东经济出版社,2016:49.

奢侈品模式即通过持续提升平均价格来实现增长,并旨在创造不可比性来摆脱价格敏感性,其基础在于稀有的原材料、生产过程、独一无二的工艺和大量生产制作的时间。而离域生产意味着放弃对当地技艺的一脉相承,转而通过高效的机器生产和外迁地廉价劳动力来实现短期内的高经济效益,这会让品牌的声望和奢侈品的光环大打折扣。原产地国家的文化背景是构成奢侈品文化的要素,品牌应当认识到外迁工厂不仅与生产有关,还与传统、创造力和品牌文化相关,消费者对其价值的深刻认知只有在保留这种地域渊源性的情况下才更有可能实现。①

3. 离域生产的隐患

(1)劳工权益

奢侈品品牌出于利润的考虑,以削减劳动力成本牺牲品牌的完整性,而在这一不透明的供应链背后还潜藏着劳动力危机。国际自由工会联合会在 2005 年发表的工会权利侵害年度调查报告显示,持续提高生产率引发了全球范围内纺织制造业侵害人权问题日趋严重。2015 年,有相关报道指出,古驰在中国的代工厂存在工人加班严重超时的现象:加工手袋的中国工人每天要工作 14 小时,而规定的工时仅为 4 小时。尽管对此古驰公司表示,鉴于有媒体曝光中国工人严重超时工作的问题,公司将加强对供应商的

---

① Kapferer J N, Bastien V. 奢侈品战略:揭秘世界顶级奢侈品的品牌战略[M]. 谢绮红,译. 北京:机械工业出版社,2014:80-81.

管控,但其中有分包商的负责人表示,古驰公司很清楚违规用工的问题。在一只售价 700 欧元的古驰手袋的成本结构中,面料与辅料合计成本不超过 90 欧元,而经海外完成整个生产环节的加工成本不超过 4%。[①] 从 20 世纪 90 年代开始,中国也向欧洲"输送"了大量低价劳动力。中国制造商在海外设有工厂,包括法国的巴黎和意大利的米兰、罗马、佛罗伦萨等有传统制造工业的城市。其中,佛罗伦萨附近的普拉托聚集了大量华人,由中国人注册的纺织企业比意大利人注册的还多两百家。在这些由中国移民开设的工厂里,工人常常不具合法身份,以每小时 2 欧元的薪酬,几乎 24 小时轮班倒地生产制造出这些带有"意大利制造"标签的品牌服饰。[②]

当今消费者购买产品和服务时考虑的因素不再只是奢侈品的稀缺性和独特性。千禧一代持续关注着时装产业背后的事实与真相,更愿意购买将可持续理念和道德价值观念融入发展的品牌,精美、优质、耐用的商品会体现出自身对产品背后工人们的一份尊重,而找非原产地工厂代工的种种行为让消费者感觉自己的需求没有受到品牌方的重视。因此,道德标准正在逐渐成为企业文化和品牌建设中至关重要的一环,并且也成为越来越多消费者购买

---

① 古驰泄露奢侈品原产地秘密[EB/OL]. (2014. 12. 29)[2020-11-17]. https://caijing. chinadaily. com. cn/2014-12/29/content_19193135. htm.

② 于晓丹. 奢侈品的产地论[EB/OL]. (2013-11-01)[2020-11-17]. http://www. mindmeters. com/1199.

的先决条件之一。①

(2)泛滥的假货市场

Cloud HAT System 创意工作室联合创始人,也是独立帽饰设计师的张婷婷以奢侈品品牌巴黎世家的复古球鞋"老爹鞋"为灵感来源,与莆田当地的华远帽厂合作完成了"老爹帽",重点在于这个帽子的材料也完全来自老爹鞋,只不过是在安福市场收集、拆解又重新组装的巴黎世家老爹鞋山寨品。制帽师傅把赝品老爹鞋拆成一片一片:橡胶鞋底、网眼鞋帮、鞋面上红蓝或黄绿配色的面料、鞋带,然后再拼成帽子的形状。帽子上除了 CHS 的标志,还有版师杨党恩的名字:老杨。这些单价为 296 元人民币的 100 顶"老爹帽"在发售当天全部卖完。老爹帽的创意背后则是张婷婷带着社会观察的视角所折射出的社会现象——"老爹鞋"的风行和莆田的"魔幻"制鞋产业。②

当巴黎世家将"老爹鞋"的生产从意大利转移至中国莆田,引起消费者不满的另一关键原因在于莆田的制鞋业已被深深地打上了造假的烙印,这一举动无疑会加剧中国市场假货的泛滥。莆田被称为"中国鞋城",目前拥有制鞋企业 4000 多家,主要为耐克(Nike)、阿迪达斯(Adidas)、安德玛(Under Armour)和安踏等国内外中高端品牌代工。在莆田生产制作的热销款高仿货被称为

---

① 法国里昂商学院. 奢侈品的新战场:可持续时尚——美与未来同在[EB/OL].(2019-10-30)[2020-11-17]. http://www.em-lyon.com.cn/news/view/297.

② 刘璐天. 100 顶"老爹帽"背后,一个探索社会话题的设计师和四个莆田制帽者[EB/OL].(2019-08-11)[2020-11-17]. http://www.qdaily.com/articles/58973.html.

"莆田货"。以"莆田货"为代表的奢侈品假货市场也正是由全球化促成的结果——品牌在非原产地开设工厂,为这些外迁地所在国家和地区兴起假货市场创造了条件。外迁地制作工艺的精进导致假货愈加难以辨别,而奢侈品品牌与此同时也将产品延伸至极其容易复制的比如 T 恤等品类。

主动购买假货的消费者往往受到物质主义价值观的影响,过度迷恋品牌标志,同时缺乏对法律的尊重。购买正品和假货对他们来说没有区别,不论是服装还是配饰,他们的目的并不全是产品和潮流趋势本身,更多情况下是为了获得一个用以傍身的显眼标志。但通常情况下,他们的经济能力无法承担真正奢侈品的高昂价格。与此同时,互联网增加了奢侈品品牌的曝光度,助推奢侈品欲望大众化的同时,其高价位也带来了供需差,而普及的网上交易模式降低了进入这一领域的门槛,减少了消费者购买假货产生的社会道德羞耻感,导致假货数量大幅增加,加剧了假货购买的情况。因此,不良商家受利益驱动采取非法生产和经营手段,推出大量售价只有正品的十分之一甚至更低的仿冒产品,成为假货市场泛滥的契机。在所有违法犯罪行为中,制造并销售假货牟取的暴利和交易毒品相当,风险甚至更低。奢侈品假货没有产品开发的环节,也无须支付市场营销或广告等品牌推广的费用,综合成本极低的背后更是血汗劳动力、高污染的生产工艺和劣质材料,并且通过走私逃避进口关税,通过非正式零售逃避营业税,进一步实现了利润最大化。①

当假货市场形成一定规模,首先,这增加了市场中流通产品的数量,挤压奢侈品品牌原本应有的生存空间,即削减正品的销量,将奢侈品品牌置于更为恶劣的零售环境中。其次,提高品牌的渗透率也会对奢侈品品牌塑造独特梦想构成极大的威胁,损坏品牌形象和品牌资产,导致奢侈品贬值。再次,假货会毁掉奢侈品品牌构筑起来的排他性和社会分层作用。奢侈品品牌进入非目标群体会导致品牌先前的常规客户认为该品牌已经不能再彰显价值,严重打击消费者的信心和渠道忠诚度,从而直接或间接影响品牌和客户的关系。多项研究显示,目前假货的生产和消费几乎在所有经济体中都存在,而亚洲则是仿冒品数量最大的产区,极低的生产成本和不健全的知识产权保护机制,加之巨大的消费市场,使奢侈品在这些新兴市场面临更为严峻的对抗假货、维护品牌权威和传统的挑战。②

造假活动本身是一项违法行为,甚至通常也会涉及犯罪组织的业务,所以这一问题不仅关乎奢侈品行业与品牌本身,也与各个环节的其他参与方息息相关。奢侈品品牌除了采取更换包装和防伪标识等简单易行的措施外,还应减少甚至禁止授权,并控制分销渠道以掌控产品完整的价值链,减少任何一个环节出现假货的可

---

① 颂,布朗卡特. 奢侈品之路:顶级奢侈品品牌战略与管理[M]. 谢绮红,译. 北京:机械工业出版社,2016:324-351.

② Kapferer J N,Bastien V. 奢侈品战略:揭秘世界顶级奢侈品的品牌战略[M]. 谢绮红,译. 北京:机械工业出版社,2014:170-174.

能性。2014 年,在伦敦举行的奢侈品法律峰会(Luxury Law Summit)上,范思哲集团(Gianni Versace SpA)的首席执行官吉安·贾科莫·费拉里斯(Gian Giacomo Ferraris)表述了范思哲采取一系列保护品牌资产的措施:专注于保护范思哲核心的时尚基因;改良了公司的管理制度以使业务流程进行得更为顺畅;开设范思哲直营店,并买回旗下副线品牌 Versus 的特许经营权,为产品加注防伪编号,方便顾客在官网上查询所购产品的真实性,同时致力于监测并打击网上的假冒伪劣产品交易等。[①]

杜绝假货交易的另一方面则是需要引导消费者树立意识,加强对其的教育,使之了解购买假货资金的去向——很有可能涉及毒品和武器等罪行的资金筹集,并为之提供鉴别的详细办法,鼓励支持其进行举报。比如 LVMH 集团在 2019 年 5 月推出了全球第一个用于产品鉴定的区块链平台——the Aura Platform,旨在提供奢侈品的原产地证明、防伪、跟踪和追踪每件物品的生命周期,帮助消费者们追溯奢侈品的来源和真实性并保护创意知识产权和打击广告欺诈。同年 9 月,总部位于纽约的奢侈品鉴伪公司 Entrupy 入驻该集团旗下的"创业企业之家"(LA MAISON des Startups/LVMH)。成立于 2012 年的 Entrupy 提供的解决方案支持消费者用带有显微镜摄像头的小型手持扫描仪拍摄待检验的奢侈品不同角度的放大照片,通过配套智能手机应用软件经人工

---

① 刘又绿. 奢侈品"打假",各有千秋[EB/OL].(2014-06-08)[2020-11-17]. http://business. sohu. com/20140608/n400552089. shtml.

智能算法在后台分析这些收集到的照片,来鉴别产品的真伪。有报道称其鉴伪精准度已经超过 98％。[①] 打击仿冒商品的挑战也需要品牌与各国政府合作,在法律的框架下开展打假活动。2012年,世界奢侈品协会宣布与中国保护消费者基金会打假工作委员会、公安、工商、质检等部门联合成立中国第一个专注于奢侈品领域的打假机构——国际奢侈品牌知识产权保护与打假委员会,并开始进行一系列国际奢侈品牌知识产权保护与打假的专项行动与系列活动。同年,路易·威登先后向南京和合肥两地的 30 余家商户提出维权诉讼并获赔约 2000 万元。[②]

---

① 界面.奢侈品假货横行,于是 LVMH 孵化了一家打假公司[EB/OL].(2019-09-16)[2020-11-17]. http://fashion. sina. com. cn/s/fo/2019-09-16/1009/doc-iicezueu6060481. shtml.

② Rita.奢侈品打假半推半就的背后[EB/OL].(2012-08-28)[2020-11-17]. http://news. ladymax. cn/201208/28-9781. html.

第二篇

奢侈品品牌内在价值的建立

第三章　品牌的历史

一、"专属"与"永恒"

我们回溯奢侈品的起源时,不得不提到的一个词,就是exclusive(专属)。古埃及人因为自身的宗教信仰,发展出高度复杂的工艺,制作防腐的木乃伊、修建结构精密的巨大金字塔、打造大量精致的黄金制品等。但是这些奢侈品都是非常昂贵的,受制于当时的社会生产力水平,这类奢华只留给社会极少数的精英享用:法老和他的妻子、大祭司,以及少数权贵。在东方,中国古代周王朝完备的礼乐制度,详细界定了不同社会阶级所能使用的特权物品的规制;历代"服色制"明确了帝王穿着的专属颜色……作为权力的象征,奢侈品的"专属"特性几乎贯穿中西方的整个封建时代,而人们对于彰显独一无二性的不懈追求,时至今日仍然存在。换言之,尽管我们还不能给奢侈品的概念下一个具体的定义,但可以肯定的是,提供"专属感",是奢侈品得以存在并且不断发展的重要前提。

　　在古代文明中,当统治者开始思考生与死的问题:肉体死亡之后,生前极致的享受该如何继续下去? 这不仅刺激了专属产品(奢侈品)的发明,也引出了最终极的奢侈的概念——永恒。每一个古老的文明都渴望不朽。古人为了追求永恒而创造的奢侈品,超越了一切关于社会地位或是财产的范畴,更接近人类对于"轮回""涅槃"之类的渴望。古埃及人造出精美的玻璃器皿来储存香料。这些香料在其生前用于展示拥有者尊贵的身份地位,在其死后可以保持拥有者肉身的不朽,续写一生的辉煌。中国汉墓出土的金缕玉衣,形似铠甲,根据逝者的阶级分等级以金、银或铜线串起玉片编成,是专属于王公贵族的丧葬殓服。汉王朝的统治者相信玉石具有防腐功效,可以永葆逝者生前的样貌,永远享受属于贵族的奢侈生活。

　　奢侈品在古典社会中往往代表着最为先进的生产力。一些忠实拥趸认为,奢侈品是社会的一种进步力量,对高端工艺乃至艺术发展起到强大的推动作用,然后伴随着民主化进程惠及越来越多的人。这又和古埃及社会存在着某些相似之处了。吉萨高原附近关于墓葬、木乃伊的考古发掘表明,专属于统治阶级的奢侈品后来逐渐自上而下传播,一些平民阶层或是被认为"神圣"的动物也可以使用。伴随着经济水平继续提升,木乃伊、香料等等这些曾经贵族独有的技术和物品,被几乎所有的埃及人熟练掌握并使用,甚至运用在普通的家畜身上。这种"奢侈的分散"现象,将是所有阶级社会的一个共同特征。

二、起点前后：品牌发端与传承

每一个老牌奢侈品品牌，从诞生之日起至今，都经历了漫长时间的洗礼。从最初专供皇室贵族，作为身份地位的代表而引领不同时期的时尚热潮，到一些风格与元素的沉淀，最终，许多款式、工艺、图案甚至单品成为经典，化身品牌的一个个显性符号，历久弥新。而经典之所以为经典，一定离不开品牌创立之初对于自身风格、基调、营销手段等的定位。在谈及奢侈品品牌的发端时，我们总会去探讨一些共性，例如一个品牌是如何造就"奢侈"的。

奢华的吸引力根植于人性，而"奢侈"是一种社会文化。奢侈的印象与概念的产生，往往由抽象的品牌价值和具象的产品设计相辅相成。某种程度上，我们可以认为品牌价值是奢侈品最具支撑性的内在灵魂。正如上文所说，奢侈品品牌的诞生，同样离不开"专属"二字。路易·威登在 1854 年开设了第一间同名皮箱店，为法国的皇室贵族服务，一战期间为军队设计专用皮箱，二战后又为新兴的富裕阶层设计高级旅行箱，一百年后，路易·威登依然是皮具箱包领域的佼佼者，成为上流社会的象征、奢侈的代名词；而一贯以奢华高档著称的古驰，所有产品（鞋履、包袋、服装等）都是"财富和身份的体现"，受到富有的上流社会的青睐；1913 年，普拉达创立了位于意大利米兰市中心的第一家精品店，经典与创新相结合的化妆箱、手袋、皮具,以其时尚和不凡的品质得到了皇室的追捧,逐渐在上流社会获得了名誉和声望,购买普拉达的产品从此被人们视为生活中一种非比寻常的享受。

从 18 世纪西方的启蒙运动、民主革命,到 19 世纪初自由主义之风盛行欧美,越来越多的人能够享受奢侈品。工业革命浪潮遍及世界,阶级分化得到改善,新兴的中产阶级开始追逐曾经专属于上流社会的"商品",奢侈品也成为普通人身份和体面的象征。发端于 19 世纪的女性解放运动,在 20 世纪终于渗透进社会的各个阶层。和平时期,女性群体逐渐成为购买奢侈品的一大主力。伴随着二战后经济的繁荣发展,人们的生活水平大幅提高,奢侈品品牌也开始不断探索更好的发展模式来适应新的社会经济环境,推动奢侈品与贸易深层次结合,这成为一种创造财富的新手段。

1. 香奈儿高级手工坊

幼年的可可·香奈儿有相当长一段时间都在教堂度过,干净肃穆的建筑线条和利落、不加修饰的服装,或许给了香奈儿审美上的启蒙。她最初创立的帽子店就以简洁著称。贵妇们似乎厌倦了沉重的装饰物和虚伪的华丽外表,在同时期缀满羽毛、宝石的花样繁复的帽饰中,香奈儿的造型大方、线条流畅的帽子异军突起,收获了大量认可和喜爱。之后,香奈儿开始尝试用女装设计来对抗上流社会的固化审美。她开创性地将套头毛衣前襟裁开,更加易于穿着,再缝制上装饰性的领子和衣缘,这种颠覆性的设计正是日后香奈儿经典套装的雏形。除此之外,她还否定了一贯用于女装的华丽鲜艳的色彩,转而使用黑白灰、海军蓝这些基础色来进行搭配;抛弃了贵族喜爱的丝缎光泽,改用淳朴大方的毛织物、粗花呢;为了彻底把女性从紧身胸衣、拖地长裙中解放出来,香奈儿甚至把男性风格引入女装,设计了女装裤子。香奈儿的女装革命为时尚界注入了自由舒适的廓形和利落剪裁这些新鲜血液,对于香奈儿来说,奢侈不再是珍宝堆砌的表象,而在于细节造就的奢华品位。

香奈儿曾经说过一句话:"奢侈的对立面不是贫穷,而是粗俗。"略显刻薄的用词,反映了这位时尚女王对于奢侈品的定义:奢侈品关乎一个人的品位和尊严。你的衣褶和皮鞋、腕表和帽檐,或是你与人擦肩而过时留下的香气,就像你的另一张身份证明。人们无须以贫穷为耻,但粗鄙却往往令人无所遁形。[①] 但是作为现代奢侈品发展最大的驱动力,"民主化"意味着两个截然不同的事实:首先,它标志着每个人都有机会进入奢侈品的花花世界,阶级分化被打破是客户基数呈指数级增长的根本原因;然而,民主化的脚步也带来了重大风险——奢侈品的庸俗化。这宛如一个陷阱,因为在民主化的过程中有一点共识,那就是社会要尽可能避免奢侈,避免因追求奢侈而再度产生阶级对立。那么在民主和开放社会的背景下,奢侈品该扮演何种角色?香奈儿的答案是:让所有人都能接触到奢侈品,并不一定意味着它的庸俗化,也不意味着它的价值完全丧失。奢侈可能会导致社会分层,但它也在某种程度上

---

① 马尔. 奢侈品之战[M]. 文爱艺,译. 成都:四川人民出版社,2009.

彰显了人性：淳朴精美的手工艺、量身定制的关怀感、品牌与客户间无形的联结……这正是现代工业社会所匮乏的。

秉持着这一观点，香奈儿将旗下产品的工艺水准定得极高，它们必须永远精致、永远现代。法国君主路易四世的财政部部长科尔伯特（Colbert）曾主导了法国的一系列设计政策改革，他说过："时尚之于法国，就像秘鲁的金矿之于西班牙。"一些法式时尚的捍卫者认为，把手工制品看成是纯古典的东西，这是错误的。手工匠人们的技艺，至今仍然是法国高级设计的核心竞争力。时装技术博物馆（Museum at the Fashion Institute of Technology）馆长兼首席策展人瓦莱丽·斯蒂尔（Valerie Steele）解释说："时尚不在于一些抽象的定义，它的精髓是细节与工艺。品牌需要专业工人来制作最美的蕾丝边，最好的缎带，最精致的帽子。这对于保持法国时尚的创新力和声望来说至关重要。"

工业革命以来，传统手工匠人的数量正在减少，原因众所周知：高级定制服装市场正在萎缩，手工艺品工人的数量锐减。年轻一代不愿继承手工作坊的家庭传统，而海外也有更廉价的劳动力。内因外因的双重压力下，为了保护传统工坊的技艺，也为了传承品牌理念，香奈儿率先收购了六家不再有继承人经营的最古老的手工作坊：莱萨日（Lesage）刺绣工坊、马萨罗（Massaro）鞋履工坊、擅长制作花卉和羽毛制品的勒马里耶（Lemarié）工坊、专注女帽工艺的米歇尔工坊、提供纽扣和人造珠宝的德吕（Desrues）工坊，以及金银匠人古森斯的珠宝工坊。截止到 2018 年，香奈儿旗下的

Métiers d'Art 高级手工坊和制造商已经多达 26 家,它们的业务范围覆盖珠宝配饰、鞋履、帽子、手套等服饰的各个方面。成立于 1894 年的马萨罗鞋履手工坊是最早与香奈儿进行合作的手工作坊。一百多年来,马萨罗一直坚持着传统手工艺制鞋方法,过程非常细致入微:先用山毛榉木做鞋楦,再精确计算适合于人体的比例来进行首次修整,然后修剪皮革塑造鞋型,调整鞋楦,剪裁皮革,装上其他配件和装饰,给鞋子缝上衬里。这些步骤全部完成,一双鞋子才算做好,基本要耗费 40 小时左右。

德吕纽扣及珠宝坊成立于 1929 年,1985 年被香奈儿正式收购,也是首个加入香奈儿 Métiers d'Art 高级手工坊的成员。德吕擅长将精致的手工艺和设计师天马行空的创意完美结合,每年为香奈儿生产约 100 万颗纽扣,其中 3000 颗左右会被用于香奈儿高级定制服装系列;而且德吕每一季都会为香奈儿定制大量珠宝、腰带扣及手袋转扣等精美配饰,来满足品牌不同年龄段客户的审美需求。尽管产量很大,但手工生产过程并没有降低德吕的工艺品质,工匠们将香奈儿标志性的山茶花、蝴蝶结或时尚前卫的微型瓶盖等极其精细的造型用硅胶雕刻原型,然后再复刻到金属模具中。机器将合金熔液倒入,等到材料冷却变硬,工人们就会使用镊子等基本工具来逐个进行脱模。

19 世纪末,欧洲女性还未从繁复的装饰中解放出来,羽饰是当时帽子设计不可缺少的配件之一,许多工坊运用家族传统手工艺为富裕阶层穿着的帽子、服装等提供各色精致华丽的羽毛和花朵配饰。时年 81 岁的安德烈·勒马里耶（André Lemarié）说服香奈儿接管他的祖母帕尔米拉·夸耶特（Palmyre Coyette）于 1880 年创立的工作室，就是可可·香奈儿亲自挑选的羽饰和花饰工坊——勒马里耶工坊。位于巴黎的勒马里耶工坊中，鸵鸟、鸸鹋和天鹅的羽毛整齐地存放在纸板箱里，牛皮纸袋中各种颜色的精美羽饰几乎要溢出来，抽屉里满装着平布细纹、丝缎和天鹅绒。勒马里耶工坊每年为香奈儿产出 2.5 万到 3 万株山茶花饰，每一株花饰要耗费 20 至 90 分钟不等的工作时间，这几乎成为工坊的核心业务，工坊每年约三分之二的营业额由香奈儿提供。山茶花饰作为品牌的象征之一，装饰了大量成衣和时装秀期间的高级定制服装。在勒马里耶工作了 42 年的总监热纳维耶芙·雷诺（Geneviève Renaud）自豪地宣布："我们的工作坊参与了近 2000 件 2006 至 2007 年香奈儿高级成衣系列的花饰、羽饰制作。"她坐在工作室的一张小木桌后面，一箱箱羽毛和花朵饰品堆在她周围，高至天花板。

　　香奈儿标志性的斜纹软呢面料均出自莱萨日刺绣工坊的织布工匠之手，莱萨日刺绣工坊于 2002 年加入香奈儿旗下。除此之外，莱萨日刺绣工坊还为杜嘉班纳、巴黎世家和思琳等品牌的成衣提供独家的刺绣工艺。弗朗索瓦·莱萨日（François Lesage）在时尚杂志的专栏中为自家工坊进行宣传，他把高级手工艺比作演奏家："时装设计师就像一个作曲家。如果没有音乐家来演奏他的乐谱，那么什么都不会发生。"这位年过花甲的刺绣师是奢侈品行业规模最大的刺绣系列的负责人,他结合设计师的创意,开创性地将珍珠、亮片、丝带等多样化的元素融入刺绣作品。在之后的若干年里,他精美独特的工艺成为香奈儿的又一经典代表。弗朗索瓦对于手工艺的分析定位也非常独到,他认为奢侈品变得更加民主的同时,奢侈品的工业化也愈发司空见惯,工艺水准的提升使品牌得以重申其在高端市场的定位并展示出独创性,高级手工艺维护了法国时尚的梦想。①

法国的奢侈品行业汇集了许多精美的手工艺品,但这并非品牌的心血来潮或是投顾客所好。在法国建立独特的手工艺传统和专业知识体系,帮助这些老式工作坊培养新人才,并鼓励他们通过适应不断变化的市场需求来进行创新,这是香奈儿一直以来秉持的品牌理念之一。设计师卡尔·拉格菲尔德在接手香奈儿后,也一直通过设计并展示香奈儿高级手工坊作品的小型服装系列,向这些被他称为香奈儿"卫星"的高级工坊致敬。"高级定制需要花费更多的时间,因为通常来说刺绣更为精细。每一款高级定制连衣裙都是独一无二的,甚至可能永远不会被复制。这是一个追求质量而不考虑成本的梦想。"如果所有这些工匠的技艺都消失了,高级时装业又会怎样呢?拉格菲尔德在一封电子邮件中写道:"高级定制时装也许再也不会出现了。"

---

① Ross A. Inside the Workshop With Chanel's Artisans of Slow Fashion [EB/OL].（2020-11-24）[2021-12-25]. https://montecristomagazine.com/magazine/volume-13/inside-workshop-with-chanels-artisans-slow-fashion.

2. 迪奥:奢华的轮廓

克里斯汀·迪奥在 1946 年创立了同名品牌时装屋。此前,他从老家诺曼底赴巴黎政治学院学习。为了追求自己的艺术梦想,迪奥曾经开过油画画廊,但以失败告终。1931 年,他甚至创作了一幅自嘲漫画,画风诙谐幽默,颇有点自我打击的意味。画中的迪奥本人被涂上象征抑郁的蓝色,身后是几幅拙劣的油画作品,整个画廊除了他自己之外空无一人,大家都去参加舞会了。1934 年,画廊彻底倒闭,迪奥也被经济大萧条逼得几近崩溃。他在让·厄泽内和马克思·肯纳两位漫画家的帮助下,花了两年时间学习描绘人体和衣褶上的细节。在这期间,他发现自己擅长敏锐地捕捉女性神态,尤其是傲慢优雅的神态。后来,他逐渐简化绘图线条以达到一种近乎理想化的表达技巧,寥寥几笔,核心风格就跃然纸上。他找到了自己的使命:设计和时尚。

克里斯汀·迪奥于 1938 年进入罗伯特·佩吉(Robert Piguet)的设计工作室担任服装制版师,隔壁便是著名的皮埃尔·巴尔曼的时装工作室。迪奥最早公开展示的手稿就是在此期间用水粉绘制的帽饰以及刊登在《费加罗报》上的前卫素描,第一批帽子在 20 世纪 30 年代开始销售。这些手稿清晰展现了克里斯汀·迪奥的创作风格:对于女性特质的彰显以及他一贯坚持的优雅与华丽。他不希望设计是静态的,笔下的线条强调实际摆动的迷人效果。三年后,迪奥加入了卢锡安·勒隆的服装品牌,一步步踏入时装设计的世界。这期间,他遇到了许多艺术家、高级知识分子、甚至还有流亡的波希米亚人。在巴黎求学工作的经历让迪奥积累了不少的经验和人脉,被誉为"法国棉花之王"的纺织业百万富翁,也是当时的法国首富——马塞尔·布萨克,是迪奥时装屋在巴黎蒙田大道开业时的赞助商。①

1920—1930 年,奢侈品品牌的女装通常围绕着以香奈儿风格为主的"直线条""现代""休闲"等关键词进行设计,或是专注于开拓层出不穷的新面料。到了 1947 年,巴黎仍然处在二战后紧缩时期,经过了服装面料也要定量供应的年代,民众习惯了以朴素实用为主的服饰风格,颜色多为卡其色系。但是克里斯汀·迪奥开始重新审视女装,他设计并推出 New Look 风格、A 型、X 型、H 型、Y 型等女装版型,时尚复古的美学风格让迪奥的高级定制时装回归到优雅与华贵中去,为法国时尚创造了新方向、新风貌。具体来说,就是用怀旧的设计为欧洲的女装设计开辟了与二战后服装市场截然相反的审美特征,开创性地使用大块奢华布料以呈现出新风貌:薄纱堆砌、纤细的腰身、精致的长筒手套、丰满的胸部和臀部、伞裙、不规则的大裙摆,以及遍布裙身的褶皱和波浪。在 1947—1957 这十年间,克里斯汀·迪奥仿佛是用奢华的设计告诉人们,"谨慎消费""节衣缩食"在和平时代已经可以被摒弃了,取而

---

① Metropolitan Museum Of Art. Publications of the Metropolitan Museum of Art, 1964—2005:A Bibliography[M]. New York:Metropolitan Museum of Art, 2012.

代之的将是满足更深层次需求的高级定制商品。事实证明,时尚确实使二战后社会在某些方面重新极化,有能力购买时装的人在上流社会备受推崇。

迪奥用梦幻的粉色在一夜之间打开了时尚的新格局。迪奥之家在 2018 年首次公开了克里斯汀·迪奥的一批时装设计手稿,简单的素描展现着富有激情和动感的笔触。他的设计不再仅仅将花朵作为图案或者点缀,而是首次采用立体剪裁的手法将大体量的花卉造型融入整个服装廓形,完美彰显女性气质,非凡而耀眼。第一场时装秀长达两小时,展示了 90 多种款式,以花冠廓形的裙装为主。而其中最具代表性的莫过于酒吧套装,迪奥标志性的西装夹克剪裁出明显的腰部线条,胯部挺括,山东绸大裙摆半身裙随着模特的步伐摇曳生姿,整体呈沙漏型设计。当年《时尚芭莎》的记者卡梅尔·斯诺将迪奥这次划时代的设计称为"新风貌",他说:"迪奥让整个法国焕然一新。"

但争议也无可避免。批评的浪潮源自一条大裙摆礼服,人们认为迪奥在配给制度下使用大量平民难以购买的布料制作服装,无疑是一种浪费。尽管布萨克声称这条裙子的面料来源于降落伞,是设计团队在偶然间得到的,迪奥的时装秀还是受到了来自外界的诸多质疑。但所谓福祸相倚,正是因为有了争议,消费者才逐渐意识到,新风貌更像是一种象征而非现实,它在很大程度上代表了人们回归富饶社会的愿景。

早在 1947 年 2 月,"Miss Dior"(迪奥小姐)系列香水就已经初具雏形。原材料和基调研发完成后,整个设计师团队开始致力于香水瓶的外观设计,希望打造一款代表天才、梦幻与幸运的产品。克里斯汀·迪奥邀请维克多·格朗皮埃尔(Victor Grandpierre)设计了巴洛克风格的香水展示架。其中花香系列的展示架大量使用粉色蝴蝶结、花卉、珍珠等元素,与香水瓶身相呼应,处处散发着浪漫奢华的气息,让人联想到凡尔赛宫,仿佛是20世纪中叶的人们对18世纪法国美好年代的追溯和探寻,这也是迪奥奢华美学的重要灵感来源之一。同年3月,迪奥正式成立了专属的香水部门,发布了首款女士香水"Miss Dior"。

迪奥回归高雅奢华的品牌理念,不出意外地受到了欧洲贵族以及众多好莱坞名流们的青睐。英国玛格丽特公主就在1951年身穿迪奥高级定制礼服出席了自己的21岁生日宴会。一个月后,克里斯汀·迪奥又作为设计师陪同玛格丽特公主参观了位于巴黎的迪奥总部。迪奥品牌曾两次在英国的布莱尼姆宫举办时装秀,将法式风格和英式皇家贵族风格融合在一起,借此向玛格丽特公主致敬。面对二战后纽约时尚业快速崛起的冲击,迪奥采取了将巴黎高级时装业务与纽约成衣业务相结合的创新战略,给巴黎的奢侈品行业贡献了一份令人满意的答卷,在相当程度上挽救了法国时尚界。很快,迪奥的全球化战略大获成功,占据了法国时尚出口一半以上的份额,更是在国际贸易收支中占有一席之地。事实证明,克里斯汀·迪奥成功让自己的品牌享誉全世界,也为迪奥的百年发展绘制了蓝图。

十年间从筚路蓝缕到建功立业,迪奥终身求索属于自己的时尚,力图革新,创造出一个奢华绚丽的世界。他的设计疯狂前卫,独具魄力与魅力,直到现在还是很多设计师的灵感风向标。当时的人们每个季度都在期待着新产品,公司业务拓展使克里斯汀·迪奥必须同时兼顾许多工作,这让他压力倍增。可能正是这些原因,迪奥患上了心脏疾病,最后在意大利蒙特卡蒂尼的一家疗养院去世,此后,他的作品展览接连创下出席人数的最高纪录。迪奥21岁的助理,年轻的伊夫·圣罗兰继承了他的衣钵,并且很快获得成功。伊夫的设计和迪奥的有些不同之处,不再追求极致的浪漫优雅,但更有活力,更有20世纪60年代的风格。随着伊夫应征入伍,马克·博昂坐上了迪奥首席设计师的位置,在设计中引入了自由流畅性。

作为一个经典奢侈品品牌,迪奥并不惧怕彻底地改变。1996年,一个在时尚圈颇受争议的人——英籍设计师约翰·加利亚诺上任了。他有着天马行空的想象力,在他担任设计师的全盛时期,迪奥销量有了大幅上涨。但一场乞丐装秀给了时尚界巨大的冲击,加利亚诺让"无家可归者穿上一堆垃圾",这对于一个做时装的公司来说太离奇了,迪奥一时被推到了舆论的风口浪尖,而约翰·加利亚诺也在2011年因为负面新闻被迪奥的首席执行官西德尼·托莱达诺解雇。随后,新的创意总监拉夫·西蒙为迪奥的设计带来了简约明快的线条。他是比利时第二代时装先锋的代表人物,毕业于安特卫普,此前为普拉达控股的德国著名极简主义品牌吉尔·桑达工作。在迪奥的 2012 秋冬高级定制系列中,拉夫·西蒙的模特穿上 1947 年经典的束腰夹克,结合工业风、几何设计等元素,向品牌创始人致敬。2016 年,迪奥迎来它的首位女性创意总监——华伦天奴的前任设计师玛利亚·加西亚·基乌里。玛利亚深谙女性之美,其设计团队也技艺精湛。她说:"我的诉求是让女孩保持自己的个性。"她用不同的方式展示女性,融入击剑等体育元素,强调年轻的态度,在保持迪奥传统特点的同时加入中性化设计。如果说克里斯汀·迪奥代表了一种一去不复返的女性气质,那么玛利亚则传达了迪奥理念的另一面:女性如何对待这个世界,如何在全新的生活节奏里平衡工作与生活。这正是当下我们需要的设计师。

3. 时装太阳王:伊夫·圣罗兰

"我不是裁缝,我是一个艺术家,一个制作幸福的人。"

1936 年,伊夫·圣罗兰出生在北非法属阿尔及利亚的一户富裕人家。从小在上流社会中耳濡目染,他对各种晚宴服饰、戏剧服装有了强烈的兴趣。甚至在很小的时候,伊夫就成了母亲和一众名流贵妇们的礼服参谋。之后,年仅 18 岁的伊夫设计了一套不对称黑色鸡尾酒晚宴礼服,在国际羊毛局举办的设计竞赛中拔得头筹,这套礼服也因此被著名的 *Vogue* 杂志采用。*Vogue* 的主编对这个才华出众的年轻人念念不忘,在伊夫高中毕业后随即聘请他担任杂志的美术设计师, 还送他去了服装学院进修。次年,年轻的伊夫进入迪奥品牌,为克里斯汀·迪奥设计服装,设计水平也很快得到了品牌的认可。仅仅一年的时间,迪奥三分之一的时装都出自伊夫之手,他一跃成为时装史上最年轻有为的设计师之一。克里斯汀·迪奥于 1957 去世之后,年仅 21 岁的伊夫为了 Dior 即将发布的系列时装秀临危受命。在紧急接手的春夏高定 Trapeze 系列里,伊夫使用了黑色毛织物和绸制作及膝裙装,一方面完美地延续了迪奥的设计理念,另一方面也加入了巧妙的创新点,效果非同凡响,被媒体称为克里斯汀二世。经此一役,伊夫声名鹊起,正式成为迪奥的首席设计师。但随之而来的负面评论和克里斯汀·迪奥本人的经历如出一辙,伊夫的叛逆设计被一些坚守老式"优雅"的迪奥消费者比喻成"恶魔的作品",他不堪批评之声,转而做出了改变自己一生事业轨迹的决定:离开迪奥,去开辟属于自己的时装之路。

1962 年,伊夫·圣罗兰创立了自己的同名品牌。这些年里,他在时装设计界成果颇丰,与可可·香奈儿和克里斯汀·迪奥一并被誉为法国时装界"三圣"。在伊夫的时尚血液里,似乎一直流淌着无数的浪漫气息,而这源于他与艺术的不解之缘。他的住宅里收藏了很多顶级艺术作品,例如马蒂斯、雷戈尔、毕加索、塞尚等人的绘画,甚至在他位于诺曼底的房子里,每一间客房的命名,都使用了法国著名意识流小说家普鲁斯特作品中的角色名字。伊夫对纯粹艺术的热爱可见一斑,而这种热爱也体现在他设计的作品的方方面面。他透过艺术化的设计表达自己的创作风格,当他将其他领域的艺术特征运用到品牌的设计上时,已经不仅仅是在单纯地构思时装,而是像在女人的身体上作画,这是一种超越了服装穿戴作用本身,甚至超越了高定时装附加价值的艺术描摹。

1966 年,伊夫开创了不同于香奈儿的强势中性风格,设计出第一套女性吸烟装——上宽下窄的廓形辅以金属质感配饰和粗跟高跟鞋。在女性主义尚未在大众群体中普及的年代里,伊夫让女模特穿上皮草西装、打领结、戴皮手套,塑造出新派的绅士式淑女形象。在之后的每一年里,伊夫几乎都会推出不同款式的女性吸烟装,风格时而利落强悍、时而优雅闲适,为设计界和消费者展现了女性魅力的千百种可能。除了吸烟装,大家应该也会永远记得伊夫的“蒙德里安”系列,灵感源自抽象画《红、黄、蓝的构成》。直线条和三原色块直接应用在服装上,巧妙的组合与分割使扁平化的设计抽象成为充满节奏的动感画面,打造出简洁明快又充满趣味的蒙德里安无袖拼贴裙,这是伊夫对荷兰画家蒙德里安的线条绘画和纯几何色块创作手法的致敬。当时的人们还认为时尚是与高雅艺术背道而驰的,时装作品被看作是“更低一级的艺术”,甚至不能被称为艺术,而伊夫的作品则打破了这种固有观念,T 台上穿着蒙德里安裙的模特像是从画里走出的美丽女郎。1976 年的“Rich Peasant”系列,更是把这一艺术与趣味兼具的设计风格推向顶峰。十年之间,伊夫的两个系列冲击了整个时尚界的审美,设计师本人对这些代表作品的热爱溢于言表:“这些设计把我对时装一切的梦想完美地融合在一起——我看过的所有小说的女主人公、歌剧名伶、绘画创意。它们代表了我的思想,甚至是我全部的爱,然后在设计中倾囊而出。"伊夫独特的艺术气质也注定了他日后会与电影和一众好莱坞明星交往甚密。在碧姬·芭铎参与饰演的《上帝创造女人》、萨冈处女作改编成的同名电影《你好,忧愁》等多部新浪潮电影中,主角那男性特质与女性优雅兼具的时装设计为伊夫俘获了众多忠实的明星客户,同时也成就了他标志性的设计风格。[①]

　　伊夫不管是在迪奥担任设计师还是在自己的 YSL 品牌工作,他的主要着力点都放在女性时装的设计上。著名的美国时装杂志编辑黛安娜·薇兰德将伊夫称为"时装界的花衣魔笛手",还说:"不管他设计什么,全世界所有年龄段的女性都会趋之若鹜。"自立门户之后的几年时间内,伊夫已经凭借时装发布会和电影服装设计等渠道,获得了法国乃至整个欧美市场的认可,很快成为整个服装行业里的佼佼者。《纽约时报》称他为"时装之王",《时代》周刊称之为"时装太阳王"(The Sun King of Fashion)。自此,"克里斯汀二世"变成了"伟大的圣罗兰"。2002 年是 YSL 时装屋成立的40 周年,在发布完最后一季的 Haute Couture 作品后,伊夫宣布退休,YSL 时装屋就此关闭。伊夫在退休致辞中说道:"我今天宣布离开我深爱的时装界。对如今的女性还穿着西服套装、水手外套和风衣,我感到非常自豪,我觉得自己从很多角度塑造了现代女

---

　　① 李虎.设计之梦:记法国服装设计大师伊夫·圣洛朗[J].齐鲁艺苑,2010(4):30-31.

性的衣橱。"伊夫开创的艺术性时装,几乎被世界上每位成功设计师效仿追随,他堪称一个"懂得如何在变革和延续之间寻求完美平衡的天才"。

三、从好莱坞到流量明星

时尚和电影、明星往往是密切相关的,奢侈品品牌与影视作品的合作更是屡见不鲜,角色出彩的时装造型甚至会影响流行趋势,很多时尚设计通过电影和名流效应迅速传播并成为经典。奥斯卡、戛纳等国际电影节都设立了"最佳服装设计奖"。作为人物形象塑造的一个重要方面,服装的变换可以用来表现时间节点的变化,外在的色彩和风格表现时代特征和故事背景,内在的气质表达情感基础。戏剧像生活的一面镜子,通过这面镜子,人们不仅可以窥视和反思生活、人性和思想,还可以模仿喜欢的戏剧人物。镜头下的明星就好似品牌的软性广告,对受众产生潜移默化的影响,他们展示并传播现实中的时尚,紧接着又在生活中创造新的时尚风潮,带动新的消费热点。自 20 世纪初以来,电影一直是最受大众青睐的休闲方式之一,也是奢侈品品牌时尚潮流最有效的宣传渠道。电影和时尚似乎是两个关系不算紧密的艺术学科,但当电影与明星成为时尚的标杆,二者就会在这种共生关系中联系起来。无疑,影视作品的发展和明星效应使品牌更容易被各类人群接受,在很大程度上推动了时尚的传播。①

1. 奥黛丽·赫本与纪梵希

某天，当你心血来潮打开一本时尚杂志，你可能会看到这样一句话："如果你不知道穿什么，那么一条小黑裙永远是正确的选择。"

《蒂凡尼的早餐》是最早将时装完美融入电影的作品。好莱坞著名影星奥黛丽·赫本在影片中所穿的纪梵希小黑裙，不仅和自身优雅的气质相得益彰，也让情节中的人物角色更加丰满。纪梵希曾经说过："服装需要配合女人的身体线条，而不是女人去迎合服装。"奥黛丽·赫本作为好莱坞最受人敬仰的女星之一，她的穿衣风格总是被人们争相效仿，但她鼓励女性不必一味追逐潮流，而是要去发掘和强调自身的优势。例如她认为自己的身材过于瘦削，尤其是脖子和锁骨，所以不论是戏服还是日常穿着，赫本都有意遮盖住嶙峋的部位。小黑裙也是如此，高而平的领口搭配奢华的珠宝，裙装下半部分简洁高雅，展示纤细的腰身和修长双腿。尽量扬长避短，这种穿衣理念在相当程度上改变了现代女性的时尚意识。

于贝尔·德·纪梵希创立了法国著名奢侈品品牌纪梵希，他

① Jing J. Analysis of Fashion in Film and Television Works［C］//2021 International Conference on Social Development and Media Communication（SDMC 2021）. Dordrecht：Atlantis Press，2022：1502-1505.

在设计生涯中创作了很多造型经典和风格独特的服装。尽管有许多像温莎公爵夫人、杰奎琳·肯尼迪和摩纳哥的格蕾丝王妃这样的著名女性都是纪梵希的忠实客户,但纪梵希与奥黛丽·赫本在大银幕上共同缔造的时尚形象实在令人印象深刻,这一时尚形象在 20 世纪中叶迅速成为纪梵希品牌传播最广、最具价值的核心竞争力。赫本纯洁优雅、纤细高贵的银幕形象成为都市摩登女性永恒的象征之一。服饰设计与电影艺术的结合不仅为观众呈现了许多经久不衰的时尚风格,也在无形中为纪梵希创造了深入人心的品牌形象。

奥黛丽·赫本在拍摄《龙凤配》时与纪梵希进行了第一次合作,彼时,赫本和格里高利·派克的电影《罗马假日》刚刚杀青,还未上映。她前往纪梵希的工作室选购了几套戏服,包括:电影女主角莎宾娜经过巴黎的时尚熏陶后返回家乡时穿着的一身极具质感的灰色羊毛套装,搭配简约小圆帽,流露出不俗的时尚品味;一套绣着黑色花朵图案的白色无肩带礼服,作为莎宾娜进入舞会时惊艳众人的华服;以及一套日常穿的优雅黑色船形小礼服。在电影的前半部分,赫本将普通格子衬衣的门襟交叠,束进短裤,这种新颖有趣的穿衣方式能够很好地凸显身材优势和角色性格。

随着《罗马假日》的上映,赫本斩获了第 26 届奥斯卡最佳女主角奖,在好莱坞红极一时,而赫本在奥斯卡颁奖典礼上身穿纪梵希礼服亮相。在之后上映的《龙凤配》中,赫本又凭借纪梵希设计的服饰造型,成功演绎了一段灰姑娘的时尚童话。其中最令人过目不忘的是一件黑色鸡尾酒礼服裙,肩带上装饰着两个蝴蝶结,一字领的设计不仅遮盖了赫本略显突兀的锁骨,还衬托出她优美的肩线,被大家称为"莎宾娜裙"。《龙凤配》也在电影界取得了不俗的成绩,其服装造型无疑是不可或缺的一大亮点,这让纪梵希在好莱坞一举成名,赫本和纪梵希也由此开启了长达数十年的友谊。在充斥着利益斗争和尔虞我诈的好莱坞电影界,两人之间始终保持着一种可贵的真诚,他们惺惺相惜、相互扶持。也许正是靠着这种信任,"赫本—纪梵希"的时尚旋风才能最终成就一段不朽的商业传奇。

1960 年秋天,赫本与纪梵希在《蒂凡尼的早餐》中的合作,堪称电影史和时装史上共同的经典。在这部电影中,赫本饰演的霍莉是从得克萨斯州乡下来到纽约的一个普通女孩,她期望在纽约这个国际大都市中找到可以依靠的富人,但由于能力有限,只能从事类似交际花的工作,最后,她与同样在大城市打拼的年轻作家保罗相爱了。影片最经典的镜头里,孤寂落寞的霍莉在夜班后准备返回住所,路过清晨的纽约第五大道,向精品店的橱窗里张望。她穿着时髦优雅的小黑裙,戴着一副纯黑墨镜和一双优雅的白色长手套,好几圈珍珠项链在颈边堆叠,此时镜头转向手里的面包和廉价咖啡,这样的搭配让她看上去既华丽又格格不入,仿佛在述说:她努力把自己打造得奢华精致,却还没能被她所向往的阶层接纳,靓丽而矛盾的特质构成了角色的灵魂。就这样,站在橱窗前的赫本身穿纪梵希黑色连衣裙,与颈间蒂芙尼的珍珠首饰交相辉映,成就了电影史上一个深入人心的经典形象。纪梵希在赫本的演绎下，很快成为当时备受富裕阶层和明星名流青睐的代表性品牌。

2. 爱马仕的灵感缪斯

时尚品牌和具有个人魅力的明星一定是相互影响乃至互补的关系。打造出一个星光熠熠的演艺名流，必然离不开时尚风格的加持。在近一个世纪的历史变迁中，服饰时尚已经演变成不同年代的标志性风貌之一，无论是身处哪个时代的明星，都必须有契合自身气质的服饰品位支撑。相反，明星在时尚方面也起着重要的引领作用，许多奢侈品品牌和产品需要有影响力的名人来帮助他们传播时尚意识。名流效应不仅能传播讯息，而且对品牌文化、品牌价值的形成和发展也起着至关重要的作用。美国学者梅尔文·L. 德弗勒尔（Melvin L. Defleur）曾在其著作《大众传播理论》中提出文化规范理论的概念，来解释明星效应对社会文化的影响。德弗勒尔认为，媒体通过有选择地提供信息或突出某些问题，使受众意识到社会普遍认可的价值、信仰和行为准则是什么，从而使观众按照公认的规范行动，采取被社会规范认可的行为。20 世纪 50 年代，欧美的电影事业正在辉煌前进，涌现出一个又一个充满魅力的影星，他们的举手投足无不吸引着媒体的镜光灯的聚焦，成为当时引领大众时尚最有力的风向标。

作为法国最著名的奢侈品制造商，爱马仕时尚之家有着深厚的品牌历史和传统。建立这个奢侈品王朝的人是蒂埃里·爱马仕。自1837年的马具和马鞍车间成立以来,爱马仕家族已经延续了五代人。爱马仕最初在法国开业,是一家位于巴黎林荫大道的马具商店。这家商店生产最精致的锻造马笼头和马具,是欧洲贵族最经常光顾的店铺之一。1879年,蒂埃里的儿子查尔斯-埃米尔·爱马仕延伸了产品的生产线,他开始尝试制作高级马鞍,并在爱丽舍宫附近又开了一家商店,将业务扩展至整个欧洲。工坊制作的高品质鞍具以精湛的技艺深受各地贵族的喜爱,为爱马仕成为毋庸置疑的奢侈品品牌奠定了基础。如今,爱马仕专营皮革制品、高端生活用品、家居用品、香水、珠宝、手表等。爱马仕时装公司早已闻名世界,它以真正的上层阶级的标志和"贵族蓝血"的完美形象出现。根据明略行公司(Millward Brown)2015年的品牌排行榜,爱马仕以190亿美元的估值成为第二大最具价值的奢侈品品牌,仅次于市值247亿美元的路易·威登。

　　1922年,爱马仕首次推出手袋系列,而品牌最著名的包之一莫过于20世纪50年代标志性的"凯莉包",该名称源自好莱坞著名影星、摩纳哥王妃格蕾丝·凯莉。凯莉包的受追捧,究其原因,是大众对耀眼光环加持的明星所用单品始终怀有一种向往,格蕾丝·凯莉又是当时的顶级奥斯卡影后。在主演的电影中,凯莉拥有相当大的穿衣自由,于是就有了《后窗》中黑色丝绒V领露肩上衣和白色雪纺裙的经典搭配。在电影《电话谋杀案》中,凯莉坚决反对导演希区柯克要求她半夜穿着丝绒浴袍接电话的安排,她说:"正常情况下,任何一个女人半夜起床接电话都会穿睡衣,而不是浴袍。"希区柯克听从了她的建议,并且决定从此之后都让她自己挑选戏服。格蕾丝·凯莉演绎了非常多名贵面料打造的专属戏服,这些服装在她身上都完美地诠释了女性的柔美和优雅高贵。有她参演的电影,就像是一场场无人能及的时装秀。好莱坞最具盛名的服装设计师伊迪斯·海德直言:"格蕾丝·凯莉的衣着永远不会出错。"1955 年,凯莉荣登最佳着装女星榜单,未穿一件高级定制时装,便与当时有"天鹅女郎"之称的社交名媛贝比·佩丽并列榜首,足以证明其非凡的气质和一流的时尚品味。克里斯蒂娜·郝格兰在《格蕾丝·凯莉:时尚偶像到皇室新娘》一书中写道:"包括百货商店的橱窗,凯莉的时尚形象无处不在。凯莉就是洁白、沉静、高贵的象征。"①在出席一次公开活动时,由于正处在怀孕期间,格蕾丝·凯莉用一个大的方形褐色牛皮手袋遮挡自己隆起的腹部,这个手袋就是爱马仕 sac a depeches pour dames 包。这款包承袭了 20 世纪 30 年代爱马仕马鞍包的风格,采用优质皮革材料进行精准缝合,简洁流畅,充满感性气息,代表了爱马仕品牌一贯顶尖的工艺水准,是"永恒奢华"的又一例证。爱马仕将这款手袋命名为"凯莉包",以此向这位著名的女性致敬,凯莉包从此成为狂受追捧的时尚神物。

　　爱马仕凯莉包使用的皮革是非常受欢迎的昂贵的多哥(Togo)牛皮。多哥牛皮挺括有型,可以很好地保持包包的形状。爱马仕另一款著名的铂金包(Birkin Bag)也是用这种皮革制成

的。凯莉包使用山羊皮作为内衬,因而不像其他手袋那样耐用,水渍和划痕会更加明显。一个工匠平均每周只能制作 3 到 4 个凯莉包。[①] 精致的手工艺和昂贵的原材料赋予凯莉包奢华的外形,而格蕾丝·凯莉不可复制的个人魅力给凯莉包注入了优雅奢华的灵魂,让它成为爱马仕手袋系列最具代表性的经典之作,也在 20 世纪 50 年代后为爱马仕开拓了奢侈品市场,吸引了大量忠实客户。

[①] Wang Y. Analysis on the Marketing Strategy of Hermes [C]//2021 International Conference on Enterprise Management and Economic Development (ICEMED 2021). Dordrecht:Atlantis Press,2021:268-272.

第四章　奢侈品与艺术

一、风格迥异的时装秀

艺术史学者约翰・波特文在《时尚的场所与空间》(*The Places and Spaces of Fashion*)一书中,详细介绍了时尚是如何经历从单品售卖到服装表演、观看、空间展示,继而刺激消费这一过程的。时装秀的灵魂首先是服装设计,它决定了受众对作品的反应和对品牌的看法与记忆。随着服装表演艺术的出现,人们逐渐意识到在服装展示的过程中,场景与环境设计也极为重要,打造一个适宜的空间、选择一种适宜的展示方式去宣传服饰,本身就是一种具有视觉冲击力的广告策略,在很大程度上构成了品牌的多重时尚个性,与服装和模特相辅相成。早在 18 世纪,克里斯托弗・布雷沃德就提出:时尚是一种"有形的东西",它在空间中客观存在,也与周遭环境相融合。各种面料和工艺被模特穿戴在身上,这是一种身体与时尚设计的交融;模特行走在精心布置的秀场间,交融便又上升了一个层次——建立起了与环境的联系。时装秀场的出现堪称时尚界一个成功而可贵的实践,为设计师的想法和审美的传播提供了绝佳的支点。[①]

T台时装秀是服装行业的一种营销机制,也是一种被广泛认可的艺术活动和艺术形式。模特移动的身体打破了橱窗里服装静置的传统,构成了时装秀的基本元素,并催生了模特行业,发展出模特一系列肢体动作、姿势和走秀气质的审美惯例等。秀场往往伴随适宜的音乐,强调行走的节奏,并且这种审美惯例所引导的主流模特风格也随着年代不断改变。其实在2000年,由于不断推进的现代化进程和若干大众产业的崛起,奢侈品行业被一些人认为是"夕阳产业",有人断定,至少在大多数发达国家,时尚是没有未来的。但《纽约时报》在2008年刊登了题为《秀场日不落》的文章,强调了时装表演对于市场开拓的重要作用。文章描述了时装周文化,并对时装表演这一形式的广泛传播进行了预测:时装秀将不再局限于少数几个时尚之都,而是正在向世界各地的发展中国家的首都和中等城市蔓延。[②] 如今,这一想法已经得到了证实。虽然时装表演只是整个时尚行业运作的环节之一,但它本身也逐渐成为一种显著的文化标志;所以从经济和文化两个方面来看,时装表演一年两度为观众展示品牌的新系列,同时也代表了设计师、品牌

---

① Potvin. The Places and Spaces of Fashion, 1800-2007 [M]. New York: Routledge, 2013.

② Skov L, Skjold E, Moeran B, et al. The Fashion Show as an Art Form[J]. Creative Encounters, 2009:2-37.

乃至公司、集团的时尚态度和审美品味,推动了时尚自上而下的传播进程。

除此之外,时装秀也成为品牌追求更高艺术层次的一种手段。皮埃尔·布迪厄讨论过艺术品的基本概念,他认为创作者和艺术作品之间的关系才是西方艺术概念的基础,艺术品不是由艺术的某些固定属性定义的,而是由被公认为艺术家的人创作的,也就是说,只有获得认可的艺术家的作品,才称得上艺术品。随着贵族阶层的没落,奢侈品为避免落入俗套,追求"艺术性"似乎是个绝佳的选择。自 20 世纪 30 年代以来,高级定制时装的标志性特征多了一样,那就是每年能够在巴黎举办两次时装秀。通过一场时装秀,设计师和品牌可以向观众充分地传递自己的审美特征或时尚概念,甚至可以说,是时装秀使设计师更接近艺术家,而不仅仅是会画稿的裁缝。设计的核心是艺术创造力,设计师用艺术视野缔造时尚价值,而品牌无疑是沟通受众与服饰艺术的桥梁;因此,时装秀或许可以类比为一种独特的艺术展览,它是一个品牌进行时尚产业升级的重要工具。我们可以从许多案例中窥见这种"艺术升级"。譬如在 20 世纪 60 年代的秀场,通常有专门的播音员宣读每一套服装的名称、款式和面料等特点。如今,时装秀播音员几乎不存在了,取而代之的是更能令人沉浸的各种音乐,甚至有专业的作曲家为一场时装秀制作适宜的背景音乐。

在过去的 20 年里,世界各地的时装周和各大品牌的时装秀场次都有了大幅增长。时装的生产越来越近似于艺术生产,时装展览的艺术性在与日俱增,形式也更加多元,现代主义和后现代主义成为影响新时代秀场设计的关键。

1. 运动与空间:装置艺术的魅力

建筑艺术的历史源远流长,对于其他艺术设计领域的影响更是旷日持久。时至今日,先锋抽象的建筑风格正在以最前卫的方式存在,当它们被运用到时装设计中时,我们可以看到建筑施工中使用的柔韧金属、膜结构、轻质玻璃和塑料等被制作成概念化服饰。与此同时,建筑师们也正在借鉴传统剪裁中的打褶、缝合、镂空、切割和悬垂等工艺,设计出灵活、互动性强的新型建筑。建筑与时尚之间的紧密联系在一个多世纪前就已得到认可,而建筑设计往往应用着最先进的科技。"只有科技才能为时尚创造新事物。"这句话出自大名鼎鼎的侯赛因·卡拉扬,他被誉为最具实验性和创新性的时装设计师之一。侯赛因·卡拉扬的作品在时尚界和艺术界都广为人知,他曾多次在世界各地的博物馆和画廊举办展览。侯赛因·卡拉扬两次被评为英国年度设计师,并且因为他20年来超前而卓越的设计,于2013年5月在新加坡奥迪时装节上被授予"时尚远见奖"。

侯赛因·卡拉扬于1970年出生在塞浦路斯岛的尼科西亚土耳其社区,8岁时随父亲移居英国。19岁时,卡拉扬进入伦敦中央圣马丁学院学习服装设计,毕业后不久就在时尚界声名鹊起。他1993年的毕业作品系列名为 The Tangent Flows(切线流),即后来被人们争相模仿的埋藏服装系列:毕业展前几个月,他把衣服埋在朋友的花园里,在展会前才挖掘出来,织物被土壤和落叶浸润染色,形成独特的色彩图案。他的毕业设计受到了伦敦奢侈品商店Browns 的青睐,Browns 将整个系列全部购买。卡拉扬凭借极具创造性的织物处理,赢得了行业青年知识分子的称号。这次尝试也启发了卡拉扬的时尚灵感,他决定专注于服装的制作过程。

“一个讲故事的人。”侯赛因·卡拉扬是这样描述自己的。

他通过创作来讲述故事,他认为每件衣服背后都有独特的印记,从而热衷于观察并了解服装在创作过程中所经历的一切,这是一件有趣的事情。他发现了生活本身的单调乏味,所以将热情投入设计。观看卡拉扬的时装秀一定是令人大开眼界的体验,因为他总是将时尚和创新性的表演艺术结合在一起。他是最早探索视频媒体的设计师之一,举办过全息时装秀,还曾在服装中添加数十个 LED 灯来创建动态图像,让服装成为影像的幕布载体。①卡拉扬对建筑学、空间动力学的迷恋体现在设计概念、技术系统和他的人体理论中。他与建筑师、艺术家、纺织技术专家和航空工程师合作,设计的衣服并不局限于新颖外观,更多的是思想上的内涵。例如用一个埋葬和复活的仪式来表现服装从人类的时尚世界被淘汰继而进入自然王国的过程,他赋予了服装生、死和衰败城市的意味。

---

① Chalayan H,Evans C,Menkes S. Hussein Chalayan[M]. New York:Nai010 Publishers,2005.

　　在卡拉扬眼里,所有的服装都是身体的外化,就像车辆和建筑物设计的比例是为了符合人的形体一样。"我们周围的一切要么与身体有关,要么与环境有关。"卡拉扬解释说,"我想到一种层层递进的关系:人体和衣服是室内的一部分,室内是建筑的一部分,然后是城市环境的一部分。空间在不同的尺度和比例中相互联系和流动。"在1999年的秋冬系列中,这种设计理念在连衣裙和飞机内饰元素的结合中得以实现。卡拉扬将飞机座位上的软垫头枕固定在服装的肩部,唤起人们对服装更大的作用的思考。次年的秋冬系列中,卡拉扬将椅子变成了服饰的延伸,和连衣裙融为一体,以期探索可移动的身体在场所构建中的价值。

　　2000年春夏,卡拉扬回归建筑主题,与一家建筑公司合作设计了一系列连衣裙。这些连衣裙采用线条感十足的建筑风格印花,秀场采用由计算机程序生成的静态白色背景,呈现出在极简建筑景观中绘制三维透视图的效果。除此之外,卡拉扬著名的"遥控连衣裙"于2000年委托伦敦的朱迪斯·克拉克(Judith Clark)进行制造,采用遥控飞机工程使用的复合技术。这件连衣裙由玻璃纤维和树脂制成,前后有两个光滑而有光泽的粉红色面板,由金属夹固定在一起,在身体周围形成了一个外骨骼,在腰部向内弯曲,臀部膨大,与紧身胸衣的轮廓相呼应,既强调女性传统的身体特征,同时用坚硬的材质和结构改善身体比例。随着卡拉扬的作品在主流时尚市场不断获得认可和好评,卡拉扬的跨学科思维也为其他设计师提供了无限灵感,有不少人跟随着他的脚步孕育出更

侯赛因·卡拉扬标志性的咖啡桌裙

（图片来源于维基百科"侯赛因·卡拉扬"词条，https://en. wikipedia. org/wiki/Hussein_Chalayan#/media/File：Coffee_table_ skirt_Hussein_Chalayan. jpg）

多开创性想法，具有"科技感""未来感"的服饰艺术风格开始成为一种时尚趋势。

3D打印技术是近些年来科技行业的新热点，同时也是时装设计的新发展方向之一。荷兰设计师艾里斯·范·荷本是在时装设计中应用3D打印技术的先驱。她不拘一格，经常与科学家和各界艺术家开展卓有成效的合作，将艺术、生物、时尚和前沿科技巧妙地融合在一起。尤其是她的"分形褶皱"工艺，因与3D打印、激光切割技术的结合而闻名：衣身采用独特的弧度、曲线和可循环概念进行设计。荷本就像是一个生活在现代社会的魔法师，她也常在秀场使用联觉效应，这是由一种感官刺激唤起另一种感知的效应。例如她利用辐射波来产生炫目的效果，以频闪灯开场，随后是包裹身体的 3D 结构模型，周身遍布闪亮的金属和柔软的石墨。这场时装秀的灵感来源是自然界，恰到好处的激光让人想起在阳光下闪闪发光的甲壳虫①，面料朦胧如烟，打造出薄如蝉翼的效果。尽管置身于科技感十足的秀场之中，观众仍然能感受到精灵一般的美丽生物在周身游走。

EARTHRISE(地球升起)

（图片来源于艾里斯·范·荷本品牌官网）

艾里斯·范·荷本在阿姆斯特丹时装屋进行的设计实践将高规格技术与设计美学的传统相结合。② 在她的设计中，她将虚拟

---

①　Van Herpen I,Cauvin J P,Wilson M,et al. Iris Van Herpen[M]. Groninger：Groninger Museum,2012.

②　Hemmings J. Iris van Herpen：Transforming Fashion[J]. Fashion Theory,2020,24(2)：287-291.

数字与实际材料、人类与其他生物交织在一起,这种交织洋溢着后现代主义的特征,仿佛在模拟动态的生命观。在荷本的前卫美学设计理念里,人体与纤维织物、有机材料、科学技术密不可分。凭借创新技术、新材料和精益求精的工艺,荷本创造了一种空灵超脱的视觉语言,表达了科技飞速发展的时代下人类世界的情绪和情感。她深深扎根于时尚界,专注于塑造未来,同时也涉足生物、科学和技术领域,结合不同寻常的元素、传统工艺和最新的数字生产技术,用超乎常人的想象力挑战时尚与建筑、手工与工业生产、天然与人造材料之间的界限,由此诞生的跨学科合作作品令人着迷。[①] 荷本将生物与科技用艺术的方式结合起来,指出了时尚在未来的诸多可能。[②] 在品牌官网首页,我们还可以看到以海洋生物、太空科技为造型灵感,用新型材料打造的连衣裙,图案和肌理极富创意——飘逸灵动、熠熠生辉的面料,像动物骨骼一般攀升于模特身上的镂空服装轮廓,还有形似水生动物的触须,将声波可视化的褶皱裙装……荷本用这种全新且复杂的结构风貌,将高级定制时装推向了另外一个巅峰。[③]

① Smelik A. Fractal Folds:The Posthuman Fashion of Iris van Herpen[J]. Fashion Theory,2022,26(1):5-26.

② Fopma S. Iris van Herpen:The Art of Fashioning the Future[M]//Digital Fabrication in Interior Design. NewYork:Routledge,2021:9-24.

③ NoahsNoahTW. The Future Form of Haute Couture:Iris Van Herpen[EB/OL].(2021-07-08)[2021-12-28]. https://60smcln.com/iris-van-herpen/.

2. 来自麦昆的怪诞狂野秀

要从街头汲取灵感，不同文化特色的服饰不一定只存在于某一个地方，你或许可以在许多地方找到它们的影子。时尚无处不在。

——亚历山大·麦昆

提到麦昆，伦敦一定是个不能忽略的城市。他曾说："伦敦是我的家乡，是我心之所向，也是我获得灵感的地方。"作为出租车司机的儿子，麦昆在伦敦东区长大，15岁离开学校，成为梅菲尔萨维尔街的裁缝学徒。[①] 所以，当1990年进入中央圣马丁学院学习时装设计时，麦昆已经是一名技艺精湛且富有创造力的裁缝，而院校的学习经历使他成了一名合格的时装设计师。他善于从伦敦的各类历史入手，世界级的博物馆和新兴的英国现代艺术作品都一度成为他最重要的灵感源泉。

2015年3月14日至8月2日，在伦敦的维多利亚与艾尔伯特博物馆(V&A)举办了一场名为"野性之美"(Savage Beauty)的艺术回顾展，纪念著名鬼才设计师亚历山大·麦昆一生中的非凡创意。展览共吸引了来自英国和海外各地近五万名参观者，使"野

---

① Bolton A，McQueen A. Alexander McQueen：Savage Beauty[M]. New York：Metropolitan Museum of Art，2011.

性之美"一跃成为 V&A 历史上参观人数最多的展览之一。[①] 艺术展的成功举办很大程度上源自这位已故设计师在时尚和艺术领域的卓越成就。亚历山大·麦昆的超凡创造力通过他的艺术性设计和充满戏剧性的时装秀场体现得淋漓尽致。借由前卫的道具和魔幻多变的表演艺术风格,麦昆窥见了服装在物理限制之外的艺术概念和抽象的感性范畴,用倾向于自传式的暗黑秀场无所畏惧地挑战时尚传统,这在当时的设计师中十分罕见。本着浪漫主义精神和无拘无束的情感至上主义,他一次又一次地带来富有强烈视觉冲击力的时装表演。亚历山大·麦昆的另一个标志性设计风格就是历史主义,尤其是欧洲 19 世纪的艺术特征。他曾经借鉴维多利亚时代的哥特式建筑,给服饰和秀场镀上了类似爱伦·坡的风格:深沉而忧郁,阴暗而又充满生动的幻想。就像哥特式建筑结合了恐怖和浪漫的元素一样,麦昆的时装展往往反映了生与死、光明与黑暗、忧郁与美丽等矛盾复杂的关系。

麦昆一直以来的设计理念可以用"打破规则,但在一定程度上保持传统"来概括,他试图为时尚带来一种独创性。从一开始,他将传统与颠覆性设计相结合的独特风格就体现在风靡一时的超低腰长裤、被腐蚀的面料、撕裂的皮革、破烂的蕾丝和线条凌厉的连衣裙上。他回忆说:"伦敦时装界被压抑了太久,它必须活跃起

---

① Alexander McQueen:Savage Beauty—About the Exhibition[EB/OL].[2021-12-28]. http://www. vam. ac. uk/content/exhibitions/exhibition-alexander-mcqueen-savage-beauty/about-the-exhibition/.

工作中的亚历山大·麦昆

（图片来源于品牌官网）

来。"麦昆是一位坚定遵循自己灵感指引的、真正的艺术家,他一贯提倡自由地思考和表达,并充分发挥想象力,绝对称得上是浪漫主义的典范。麦昆通过他的服装结构设计从根本上表达了这种创新性和革命性。但不同于后现代主义服饰设计风格的是,他非常看重剪裁,将镂空、腐蚀等前卫即兴的面料创作手法与传统立体剪裁融合,加上精致的图案设计,这种思路在他担任纪梵希创意总监之后变得更加明晰。正是这种既严谨又冲动、既纪律严明又不受约束的工作方式,让麦昆得以用浪漫怪诞的方式表现黑暗,也成就了他难以复制的艺术造诣和个人魅力。

3. 剧情演绎与沉浸:新时代的路易·威登秀场

美国时间 2021 年 11 月 28 日,年仅 41 岁的路易·威登男装总监、Off-White 创始人维吉尔·阿布洛因病去世。作为 21 世纪最具创造力的设计师之一,维吉尔上任路易·威登男装总监后的首个系列(即 2019 年春夏系列),年初一经正式开卖,就让 LVMH 集团第一季度的销售额上涨了 16%。而维吉尔主导的路易·威登 2020 年春夏男装发布会,更是被外媒评为他上任至今最棒的一场路易·威登时装秀,其灵感源自 1956 年上映的法国电影《红气球》。影片讲述了一个小男孩和红气球在巴黎街头巷尾穿梭的冒险故事,维吉尔用这部电影来比喻自己的人生经历,在秀场上为观众娓娓道来一段动人的故事。装饰有路易·威登标志性的花押字图案的绿色风筝是此次大秀的邀请函,维吉尔在官方新闻报道中说:"风筝,是少年时渴望到向往之地旅行的象征。"乐团现场演奏尼克·德雷克的歌曲作为大秀背景音乐,秀场周围布置着红色充气城堡,V 形街道两侧还有演员演绎的路边冰淇淋摊贩,这其实是维吉尔幻想中的童年。一侧观众坐在街边树荫下的长椅上,另一侧观众则坐在伞下的咖啡圆桌旁,无不体现着法国惬意又优雅的日常生活;模特从街头缓步走来;本季清新明快的服饰配色也呼应了童年梦想这一童话般的主题。本季在社交媒体上发布的秀前预告是"鼓舞希望""期盼未来""感受自由",走过巴黎人从小经过的面包店、咖啡馆、精致的书店,再一路走向绿荫夹道的塞纳河畔,路边是气球、冰淇淋和风筝。在维吉尔的秀场中,观众仿佛重回了无忧无虑的童年旧时光。

时间进入 2022 年春夏男装系列的发布会,这场时装秀于 2021 年 12 月 1 日在美国迈阿密举办,这也是维吉尔的遗作。大秀结束后,现场燃放了两分钟的烟花向这位才华横溢的设计师致敬。官方视频以"Virgil was here"的短语开场,一个黑人小男孩骑着自行车穿过草坪、树林、楼宇和街道,最后停在海滩上,接着他又走过码头,点燃了巨大的红色热气球,热气球会带着他去往哪里呢? 到这里,短片戛然而止,似乎是在回望维吉尔短暂却灿烂的一生,令人不胜唏嘘。

大秀正式开场,热气球在远处闪耀。本季男装系列的灵感源自以武侠电影、嘻哈乐、空军等元素为代表的 20 世纪 90 年代美国嘻哈文化。开场白来自 1980 年上映的日本武士道电影《刺杀大将军》,这部电影改编自日本漫画《带子雄狼》,亦是著名嘻哈团体成员 GZA 在 1995 年的专辑 *Liquid Swords* 的主要灵感来源。*Liquid Swords* 中收录的"4th Chamber"一曲也成为路易·威登本季大秀的重点配乐。充满东方韵味的秀场电影中,GZA 正在和新生代艺术家坎迪斯·威廉姆斯一起下西洋棋,这同样是对 *Liquid Swords* 棋盘封面的致敬。关于下棋的灵感,则来自《少林与武当》中的经典台词:"下一场棋局,就像在比一场剑,永远要先思考再出手。"配合着鼓点,模特们在树木间穿梭绕行,颇具武侠电影中高手过招的神秘气息。

　　20世纪90年代,东方武侠电影在西方嘻哈群体中十分流行。对于维吉尔来说,东方武术教育新生代非裔少年放下仇恨和枪械,远离暴力街区的不良影响,习得深富奥义的武术哲学。选择这样的秀场故事,也象征着维吉尔表达的黑人文化崛起背后的奋斗与付出。

路易·威登2022春夏男装系列

(图片来源于品牌官网)

二、奢侈品店铺的建筑与陈列

　　新时代下的经济形势瞬息万变,奢侈品旗舰店和各类精品店在时尚零售市场中发挥的作用也在不断变化。以往的诸多营销案例可以证明,奢侈品品牌精心打造旗舰店是稳固品牌地位和进军国际市场的重要战略之一,可以支持和发展国内外的分销活动。旗舰店在提升品牌价值,维持并增强与客户、分销合作伙伴和时尚媒体的联系方面,更是发挥着显著的作用。① 奢侈品旗舰店有三个根本性的特征:第一,它们只销售本品牌的产品;第二,店铺为公司所有;第三,旗舰店经营的目的是建立和完善品牌形象,而不仅仅是为公司创造利润。所以,奢侈品品牌的国际旗舰店与奢侈品品牌零售商在国外市场经营的其他零售形式有很大差异。旗舰店不管是从其规模、建筑和室内设计,还是选址、运营成本等方面,都明显优于其他店铺。通常情况下,旗舰店的占地面积是普通零售店的5~8倍,平均可以扩展到4层,而普通的零售店一般不会超过2层。

　　奢侈品销售的规则是明确的,建筑与空间非常重要,也就是我们所说的"对空间的奢侈化利用",大型旗舰店无疑会给顾客留下深刻的印象。宽敞的场所、丰富的产品展示和充足的顾客活动空间,都是奢侈品旗舰店进行体验式营销的重要元素。这些都标志着品牌的排他性和优越性,而这些属性依然是奢侈品的内核。一些世界知名的发达城市(例如米兰、伦敦、纽约、巴黎、东京等)的高档购物区,或是莫斯科、上海、孟买等新兴市场,相关的房地产成本

---

①　Moore C M,Doherty A M,Doyle S A. Flagship Stores as a Market Entry Method:The Perspective of Luxury Fashion Retailing[J]. European Journal of Marketing,2010:23.

极为高昂,但能够在这些"世界中心"经营旗舰店,对奢侈品品牌保持地位和声望有着重大意义。然而旗舰店的选址总是经过万般考量的,不仅需要考虑城市,还会精确到特定的街道,譬如伦敦的邦德街和斯隆街,纽约著名的第五大道和麦迪逊大道。对地址的严格挑选为品牌提供了更多接触"富有的当地人、富有的游客、时尚买手和奢侈品爱好者"的机会,而声名远播的城区和街区,本身就已经是很强大的品牌传播工具了。收购和重新设计装修一处久负盛名的房产,把品牌与一座充满历史气息的宏伟建筑相联系,无疑会给品牌带来其他形式满足不了的声望和传承感。拉尔夫·劳伦买下莱茵兰德大厦作为他的纽约旗舰店;普拉达收购了纽约古根海姆博物馆旁的一幢传统建筑;吉尔·桑达购买了位于伦敦的皇家银行大楼……

自 2015 年开业以来,位于首尔的迪奥旗舰店的建筑设计总是不乏称赞之声。这座六层高的建筑由克里斯蒂安·德·波特赞姆巴克(Christian de Portzamparc)和彼得·马里诺(Peter Marino)共同设计,雕塑般的白色玻璃纤维外立面象征着迪奥柔美、优雅的品牌特质,三楼设有贵宾休息室和艺术画廊,顶楼是迪奥的咖啡馆。室内采用单色瓷砖地板、镜面墙壁和装饰有垂悬织物的烛台,塑造了迪奥华丽而流畅的内核,与产品陈列相映成趣。

古驰旗舰店开设在意大利佛罗伦萨历史悠久的领主广场,名为"古驰花园"(Gucci Garden),深入品牌核心,探索兼容并蓄的创作精神。从建筑外观到室内装潢,到处彰显着品牌不拘一格的美

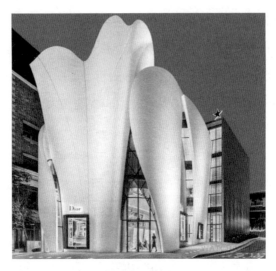

迪奥首尔旗舰店

（图片来源于《迪奥全球最大旗舰店：House of Dior 绽放首尔青潭洞》一文，https：//watchviews. com/2015/06/house-of-dior-seoul-2/）

古驰佛罗伦萨店内景

（图片来源于 Gucci Garden 官网 https：//guccigarden. gucci. com/? y_source = 1_MTU1OTM5NTQtNzE1LWxvY2F0aW9uLndlYnNpdGU％3D ♯/zh/360/piano-0/boutique-3）

学态度。三层楼的空间都装饰着古驰经典花卉和动物图案的壁纸，以及各种艺术品，还有一个类似市集的零售空间。一楼是古驰与意大利名厨马西默·博图拉合作的第一家概念餐厅 Gucci Osteria，上面两层用主题空间的形式陈列着服装、配饰、视频广告装置、艺术品和手工艺品，为消费者开启了一场充满文艺气息的华丽探险。

博柏利于 2020 年 7 月在深圳开设的全新社交零售精品店"Burberry 空·间"占地近 540 平方米，是博柏利首家结合实体店和虚拟社交网络的新型零售商店，承袭了品牌创始人托马斯·博柏利(Thomas Burberry)的创新精神。这家精品店与中国科技巨头腾讯合作开发，在腾讯公司的技术支持下，有 10 个经过精心设计的空间，包括随季节变换场景的互动橱窗、满满中国风的咖啡馆、形式新颖的试衣间等。垂直线条的立面设计遍布店铺的主要区域，点缀上博柏利的代表性装饰图案，尽显精致与奢华。新店以"畅享当下，走进未来"为精品店的设计理念，为博柏利社群带来融合线下和线上平台的数字化沉浸式体验。精品店入口处的互动橱窗装置好似一个动态雕塑，其设计灵感源自博柏利 2020 秋冬"Memories 记忆'镜'界"时装秀的镜面 T 台，它会随着过往行人的身体律动而相应变化艺术形态，从而打造独特的沉浸式体验，十分适合拍照打卡。

爱马仕位于巴黎的旗舰店在经历了关闭装修后，于 2021 年 3 月重新开业。整体设计通过对比色、线条和建筑材料的搭配来反

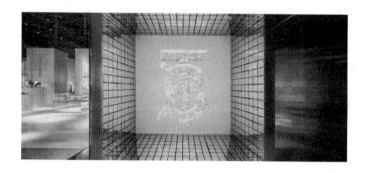

博柏利深圳精品店趣味橱窗

（图片来源于品牌官网）

爱马仕巴黎圣特娜福宝大道 24 号总店

（图片来源于品牌官网）

映品牌文化。它占地约 1300 平方米，在一楼增设了一个新的贵宾休息室，可以俯瞰由法国艺术家马蒂厄·科塞（Mathieu Cossé）创作的长达 120 米的壁画作品。此外，新旗舰店设置了一个专门用于展示爱马仕美容、珠宝和香水系列产品的巨大空间，以及一楼的新书咖。此外，爱马仕保留了入口处木板上展示的丝巾，这是品牌最具代表性的产品之一。

路易·威登韩国首尔旗舰店

（图片来源于 ELLE 官网）

　　路易·威登新改建的日本银座店也在 2021 年 3 月开业。经由建筑师青木淳（Jun Aoki）和彼得·马里诺（Peter Marino）大刀阔斧的改造，这座七层高的万花筒式建筑的三维立面迸发出梦幻色彩，令人联想到水波涟漪，与周围的城市景观相映成趣。这间店面拥有多达四层的零售空间，上层包括专用于贵宾的私人沙龙，顶层则是咖啡馆。品牌位于韩国首尔江南区清潭洞的旗舰店同样充满创意，交叠造型的圆弧外立面洋溢着年轻化的气息，与品牌的旅行理念相呼应，店内也放置了许多路易·威登的艺术品，整体充满解构主义的色彩。

目前来看，各大奢侈品品牌的旗舰店战略可以概括为两个方向：一是面向伦敦和巴黎等老牌奢侈品核心市场；二是在世界各地的新兴市场寻觅商业机会，继而开发商机。在选址和建筑设计的基础上，店铺的室内装饰设计在品牌构建方面同样有着至关重要的作用。旗舰店的风格和各种细节是展示品牌生活方式和理念的典范，一个伟大建筑师、陈列师的参与，必定对品牌的形象和地位有良好的影响。

三、注入先锋艺术的新元素

如果说印象派之后的现代主义深刻影响了 20 世纪的时尚风格，那么在 21 世纪的今天，后现代主义和当代先锋艺术也在时尚界和流行文化中占有了一席之地。一位法国学者说："现代艺术仍然存在，但它的影响力早已大不如前，它很难再次带来突破和惊喜。"尼采阐释的阿波罗式的"形式主义"和狄俄尼索斯式的"浪漫主义"为艺术的现代性开启了两条路线。例如，波林·玛丽罗斯诺在《后现代主义与社会科学》中讲过："现代性是作为一种许诺把人类从愚昧和非理性状态中解放出来的进步力量而载入史册的。"但现代主义自身却又充满着矛盾,毕竟现代社会永远处在解构、分离、重组的变化之中,现代主义的宏观叙事无力支撑社会迅猛的流变。米歇尔·福柯和利奥塔等人站在后现代主义的立场预测:现代性的动力已经完全枯竭,后现代主义将会取而代之。尽管对于艺术史的断代问题、对于艺术风格的定义问题往往是模糊和不明确的,但新世纪对旧风格做出颠覆,以及进行实验性艺术创作的艺术家们,依然可以被算作先锋派的发展与派生。艺术影响着时尚,各大奢侈品品牌在追求艺术价值的过程中,与当代先锋艺术不断碰撞融合,产生了更加多元化的时尚元素。

夏帕瑞丽和达利联手推出的"龙虾裙",可以算得上先锋艺术进军时装界最早也是最经典的作品之一;之后又诞生了以川久保玲、马丁·马吉拉为代表的"反艺术风格"设计师;2019 年,迪奥与日本先锋艺术家空山基合作打造的未来主义男装,将雕塑和服装结合,机械感十足又不失线条之细腻。空山基除了参与迪奥的服饰设计外,也为这次合作创作了高达 12 米的铝质雕塑。发布会在东京举办,充满声光效果的舞台表演体现了品牌和艺术家对当下科技力量的感知,也是对于当代先锋视觉美学的一次成功尝试。

2005 年秋,普拉达的门店扩张战略出现了一项引人注目的决策:在美国得克萨斯州西部沙漠荒凉的城市马尔法设立店铺。这完全不符合奢侈品品牌黄金零售场所的常规标准,但对于那些熟悉极简主义艺术家唐纳德·贾德的人来说,马尔法的普拉达商店蕴含着许多商业性质以外的东西,那就是前卫艺术带来的"文化资本"。艺术家艾默格林(Elmgreen)与德拉赛特(Dragset)共同创作了一座流行艺术雕塑,名为普拉达·马尔法。他们在这片荒蛮但唯美的偏远之地用土砖、灰泥、玻璃、铝框打造了一间普拉达的零售店,设计也沿袭了普拉达一贯的极简风,这同样是对艺术家贾德的一种致敬。在雕塑建成仅仅几天后,零售店就遭到了破坏和抢劫,产品几乎被洗劫一空,抢劫者还在墙上喷涂了"愚蠢"(dumb)等字眼。这种抢劫的恶性行为在艺术家的眼中却深化了一个层次:形成了"展览"和"观众"之间强有力的互动,凸显出物与人之间最直接的联系。普拉达·马尔法的争议性并没有削弱普拉达的品牌地位,反而将品牌在消费者心中的形象与先锋艺术中所体现的创新、批判和自由价值观联结起来。缪西娅·普拉达坦言:"(马尔法的零售店)是一个聪明的作品,它展现了艺术的力量。"[1]

2006 年 12 月,纽约第五大道被五花八门的圣诞节装饰物包围着,其中,人们发现了一个与众不同的广告:路易·威登展出了当代艺术家奥拉维尔·埃利亚松的原创装置艺术品。该艺术品的原身是便携式太阳能炊具,它们被改装成安装在三脚架上的橙色卫星碟形灯,在路易·威登的每扇窗口发出炽热的光。[2] 路易·威登此次与先锋艺术家的合作也是 LVMH 集团丰富自身文化产

---

[1]　Ryan N. Prada and the Art of Patronage[J]. Fashion Theory,2007,11(1):7-24.

[2]　Samborska M. Fashion as the Other of Art. The Position of Clothing Design in the Avant-Garde Art and the Contemporary Era[J]. Art Inquiry,2017 (19):141-151.

业的一个典型案例。在时尚的广阔领域中,艺术、商业和娱乐之间的界限日渐变得模糊,在奢侈品零售商的橱窗里摆放先锋艺术家的作品也越发常见,因为高雅艺术乃至前卫艺术一直受到奢侈品集团和富裕阶层的支持与赞助,艺术为品牌承担了一部分广告的角色,将奢侈品的形象与高级艺术的形象联系在一起,并通过这种联系将产品提升到大众认知中艺术品的地位。

综上所述,时装设计师的灵感很大程度上来源于艺术家的作品,但这种灵感启发或许并不是单向发生的,早在马塞尔·杜尚的《泉》展出以来,艺术似乎就变得不再高不可攀,时尚仿佛也不再是艺术的绝对附庸。1964 年,安迪·沃霍尔在纽约的马厩画廊展出了他的布里洛盒子(Brillo Boxes)——一种与商店里的肥皂纸盒毫无区别的复制品。此后的二十年里,包括时尚在内的实用主义艺术与纯粹审美性的高级艺术之间的壁垒一步步消亡,正如格热戈日·迪亚姆斯基所指出的:"今天的艺术可以像广告、时尚产品或娱乐产品,它可以像消费品、玩具、运动设备、厨房电器、社会或政治活动——总而言之,它可以看起来像任何东西,但不同于其他产品和活动,它必须是免费的。"[①]先锋艺术和时尚相互影响、相互融合,尽管与 20 世纪早期先锋派艺术家的理念不尽相同,但对于新时代的先锋派代表人物来说,偏见不复存在,时尚本身就是一种表达思想的艺术载体,产品的特性被削弱。对奢侈品品牌而言,通

---

① Bengtsen P. Fashion Curates Art: Takashi Murakami for Louis Vuitton[J]. Fashion Curating: Critical Practice in the Museum and Beyond, 2017: 199.

过艺术性加持,品牌所需要的美学品质得到保证,同时引导人们发现品牌理念倡导的现代化生活和审美的新方式,为产品将来的进一步艺术化奠定基调。

四、品牌展览:奢侈品品牌的年轻化变革

如今,无论你身处哪个国际大都市,一定会在当地的艺术博物馆里不时看到为世界知名奢侈品品牌举办的精彩展览。"品牌展览",这个在 21 世纪之前还比较罕见的艺术形式,通过二十年的飞速发展,到了现在,其几乎现身过每个国际著名艺术博物馆。尽管品牌展览最近十年才开始走进大众视野,但与奢侈品品牌遗产保护相关的展览从 20 世纪 80 年代就开始兴起了。以周年纪念展的形式为奢侈品品牌举办的专题展览出现得更早,甚至可以追溯到20 世纪 20 年代。瑞士名表品牌宝玑(Breguet)1923 年在巴黎加列拉宫的城市工业艺术博物馆举行了手表和计时作品的百年纪念展,这次的纪念展主要由四个部分组成:肖像(产品肖像、素描、手稿等)、历史(手表机芯的历史)、技术(手表、秒表和时钟的工作原理)、宝玑制表工艺(手表、秒表和钟表)。二战后,欧洲各个博物馆也筹办了很多其他主题的周年展览,向一些伟大的品牌和企业致敬。1958 年,伦敦的维多利亚与艾尔伯特博物馆策展以庆祝沃斯公司的百年诞辰;巴黎装饰艺术博物馆在 1964 年举办了两场周年纪念展览——百家乐的当代产品展和百年来的先锋银器艺术展。

在 20 世纪 50 年代和 60 年代的品牌展览中,产品的展示是观众了解奢侈品行业形势演变的一个优质平台,品牌展览半个世纪的发展和繁荣也揭示了奢侈品作为文化参与者在当代所扮演的角色。

在法国,20 世纪 80 年代初到 90 年代初,LVMH、历峰等奢侈品控股公司的诞生标志着奢侈品品牌在艺术和文化领域真正的惠民战略的开始,他们对文化机构、艺术展览和艺术家等进行赞助。从 1991 年到 2014 年,LVMH 集团赞助了多达 37 场展览,其中 31场在法国(凡尔赛宫、大皇宫、蓬皮杜中心、巴黎现代艺术博物馆和东京宫等),6 场在国外(纽约、北京、上海、香港和莫斯科等)。其中,LVMH 在 2004 年资助"法国印象派珍品展"入驻中国,展览专门设置了一个空间用于展示 LVMH 集团时装公司的历史,打开了中法时尚艺术的交流之门。作为"中法交流年"的一部分,2004年 LVMH 又赞助了在巴黎大皇宫举办的"中国天山珍宝展"。这也是集团丰富文化产业、宣传提升产品价值的市场策略之一。

除了奢侈品集团之外,法国政府对本国奢侈品产业的宣传和展出也进行了大力支持。20 世纪 60 年代以来的奢侈品民主化趋势,再到 70 年代的经济危机,一系列的社会变化令法国高级定制时装损失了许多市场份额。随后,高级定制时装时代的结束和成衣潮流的席卷,导致众多法国高级定制制造商接二连三破产,却反而刺激了意大利设计师的崛起,他们逐渐在时尚界占据主导地位。法国奢侈品行业的其他方面也遭遇了冲击,比如仅仅在香水产业中,就有来自美国、西班牙和日本香水公司的激烈竞争。为了支持和重振奢侈品行业，1981—1992年，两次担任法国文化部部长的杰克·朗发明了"all culture"的概念——这一概念旨在把包括时尚和设计在内的创意产业发展为文化实体。在此背景下，杰克·朗提出了一系列举措，例如：把巴黎时装周开幕式的场地选定在卢浮宫；1986年，又在卢浮宫马桑亭举行了时装艺术博物馆的落成典礼。因此，自20世纪70年代以来，企业赞助艺术展这一行为的兴起使博物馆日趋商业化，加之法国政府承认了创意产业作为文化实体存在，使法国奢侈品品牌保留下大量的品牌遗产，譬如品牌档案的逐步建立，为伟大的时装设计师撰写专著，以及时尚和艺术博物馆中奢侈品展览数量的激增。在奢侈品行业日益激烈的市场竞争中，作为区别于其他品牌的有效手段，"品牌的历史"成为展览中经常出现的主题。随着奢侈品民主化的进一步发展，艺术展览作为品牌吸引新兴中产阶级等其他潜在客户的营销策略之一，已经成为成熟的品牌宣传工具，并且随着艺术风格的变迁和派生，品牌展览的形式也更趋现代化、多样化。

由知名建筑师扎哈·哈迪德设计的"香奈儿移动艺术展"是"巡回博物馆"的一个经典案例，它展出了由大约20名艺术家二次创作的香奈儿绗缝手袋。2008年至2010年，香奈儿的巡回展在世界各地展出，最后储存在巴黎的阿拉伯世界学院。瑞士勒桑捷的奢华钟表制造商积家在2011年设计了一个虚拟的"历史画廊"，以纪念品牌成立80周年，通过强调品牌传统的历史价值和当代创造力这些关键元素来吸引更多的客户。众所周知，普拉达的核心

路易·威登艺术长廊

（图片来源于品牌官网）

杭州"看见 LV"艺术展览

（图片来源于品牌官网）

业务是高端服饰产品,但是从近些年开始,品牌参与了一系列前卫建筑的建造和传统建筑的修缮工作。以坐落于上海市中心的荣宅为例,它是普拉达在中国举行各种品牌展览活动的特定场所。这座宅邸的历史可以追溯至20世纪初期,彰显着普拉达对于品牌设计语言、设计形式和品牌文化建立的持续探索。2015年,古驰的话题展览"No Longer / Not Yet"(已然/未然)登陆上海民生现代美术馆,古驰的创意总监亚力山卓·米开理(Alessandro Michele)和 LOVE 杂志的总编凯蒂·格兰德(Katie Grand)一同进行策划。展览区域由一系列的房间组成,每个房间内有不同艺术家的作品展出,包括亚力山卓·米开理用于展示个人收藏的一个空间;中国当代多媒体艺术家曹斐、当代艺术家李姝睿、美国雕塑家蕾切尔·范斯坦(Rachel Feinstein)和现代艺术家珍妮·霍尔泽(Jenny Holzer)的作品等。来自世界各地不同领域的艺术家,以各自独特的视角进行创作,探索"何谓当代",借此阐述古驰侧重表现当代精神的全新品牌方向。

五、艺术基金会的产生与发展

艺术基金会的前身是艺术赞助,西方艺术史学家迈克尔·巴赞德尔在《15世纪意大利的绘画和经验:绘画风格社会史入门》一书中提出,"赞助人"与所谓的雇主其实是同一的,从狭义上解释了"艺术赞助人":他认为邀请、资助艺术家进行创作,并且有权力确定艺术品用途的人就是艺术赞助人。也就是说,艺术赞助人是以艺术品为投资产品而受益的群体或个人,这种赞助行为具有利益交换关系。赞助人身份地位的多样性,为艺术家提供了不同的创作空间,在历史上对艺术的发展起着至关重要的作用。早在巴洛克时期,由于西班牙的入侵和内部宗教改革的迫切需要,罗马天主教运用各种形式和手段加强宗教宣传,其中最重要的手段之一就是艺术宣传。天主教教皇乌尔班八世及其家人和朋友开始进行一系列的艺术赞助活动,例如,他垄断了巴洛克建筑、雕塑和绘画大师乔凡尼·洛伦佐·贝尼尼(Giovanni Lorenzo Bernini)的赞助权。在教皇的独家资助下,贝尼尼创作了许多令人惊叹的宏伟巨作。他为罗马教廷设计了圣彼得大教堂前的广场柱廊,壮观又充满运动感,与米开朗琪罗大教堂的穹顶相呼应,使圣彼得大教堂成为罗马历史上最著名的建筑景观之一,充分展示了教皇乌尔班八世的荣耀。① 贝尼尼的作品神秘而奢华,很好地突出了教堂的神圣和庄严,也在很大程度上重建了旧教会统治的声誉和威望。之后的一个时期社会稳定、经济繁荣,人们追求艺术的热情高涨,艺术家获得来自上流社会源源不断的艺术赞助,这无疑给艺术家带来了声誉、社会地位和良好的创作环境。艺术赞助人,尤其是宗教艺术赞助人,经常愿意在有前途的艺术家身上一掷千金,这使得受

---

① Lin F W. Catholic Sponsorship of Art in Baroque Period and Its Enlightenment to Modern Art Investors: Take Pope Urban Ⅷ and His Family and Close Friends[J]. Proceedings of the 2021 3rd International Conference on Economic Management and Cultural Industry (ICEMCI 2021). Dordrecht: Atlantis Press, 2021: 1314.

上层社会青睐的艺术家不需要担心创作成本和生活压力,可以把更多的时间投入艺术创作。对于艺术赞助人来说,通过艺术赞助,他们可以获得符合自己审美的艺术品,继而获得名声和威望。艺术家和他们创作的艺术品成为艺术赞助人的另一张名片,艺术品的口碑成为艺术赞助人声誉的代名词。在这一时期,艺术赞助人与艺术家互惠互利,两者的关系牢不可破,与此同时,艺术赞助人对艺术家的大力支持也吸引了更多的人关注艺术,促进了艺术产业的发展。然而不可否认的是,颇有影响力的艺术赞助人出于个人喜好或是利益需求,往往会走向一定程度的"艺术专制",极大地限制艺术家作为创作主体的创作自由,这是艺术赞助萌生出的弊端之一。

随着时代进步和社会发展,"艺术赞助人"的含义也变得越来越广泛。在中世纪,只有像教皇乌尔班八世这样的宗教赞助人投资艺术,到了文艺复兴时期,则出现了美第奇家族这样的私人赞助人。文艺复兴时期的意大利综合了许多物质文化兴起的必要条件——政治稳定、城市化、国际贸易、高水平的可支配财富和广泛的富裕消费群体基础。不断壮大的商人阶层创造了意大利社会的空前繁荣,这些成功的商人想要为自己庞大的资本寻找更加高级的宣传方式——通过艺术品来体现奢侈的不凡品位。佛罗伦萨富豪乔瓦尼·鲁切利恰当地描述了他们的价值观:"我认为有品位的消费比赚钱更值得尊敬。"在当时,贵族赞助艺术家为自己和家族绘制肖像,拥有一幅自己的画像成为赞助人的品位、声望和财富的象征。肖像画里通常包括赞助人及其财产的细致描摹,例如华美的服装、宝石、高档装饰品、家具等。富人委托艺术家通过肖像来美化自己,将上流阶层的奢华面貌具体化了。私人教堂和其中收藏的艺术品是意大利文艺复兴时期艺术品市场力量崛起的缩影。佛罗伦萨最著名的家族之一——美第奇家族,他们的巨额财富来自银行和航运,他们资助了许多杰出的艺术家,并建造了美第奇-里卡迪宫,这个宫殿展示了私人艺术赞助商的影响力和价值观。艺术一旦从公共的宗教领域转移到艺术赞助人的私人领域,譬如赞助人开始为自己和家族委托艺术家创作艺术品,艺术品就成了投资和收藏的工具。① 换句话说,艺术品成为一种在市场上流通的商品,绘画艺术延伸到日常物品的领域,供普通人装饰和欣赏。久而久之,对于高端艺术品的模仿、竞争、追逐和炫耀性消费等市场力量交织在一起,影响着意大利的精英阶层和普通民众。总体来说,合格的艺术赞助人能够用其独到的眼光挖掘艺术家的天赋,这种赞助人与艺术家之间相互信任、互惠互利的形式一直延续到了现代社会。在之后的艺术品市场,逐渐出现了专业艺术经纪人、拍卖行等,艺术家与艺术机构的商业契约关系走向规范化和专业化。现代艺术品市场中,对一个艺术家的投资不一定来自个人和单个组织,也可能来自庞大集团或奢侈品品牌旗下的基金会;赞助

---

① Schroeder J E, Borgerson J L. Innovations in Information Technology: Insights from Italian Renaissance Art[J]. Consumption, Markets and Culture, 2002, 5 (2): 153-169.

的目的也不再局限于为赞助人自身进行创作,而是发展出了更多种多样的投资形式,例如为艺术家举办艺术展览,进行跨界合作,从而提升赞助方的知名度等。尤其是一些奢侈品品牌所建立的艺术基金会,利用当代艺术的吸引力,通过艺术活动来提升公众在奢侈品时尚领域的参与度,不仅为品牌消费者提供了更加包容和多元的体验,而且不会破坏奢侈品的市场地位,从而为品牌争取到更为显著的竞争优势。

　　成立于 1984 年的卡地亚当代艺术基金会是奢侈品品牌支持当代艺术发展的一个缩影。基金会开发出各种形式以促进当代艺术的传播:策划主持临时展览、每周的 Nomad(表演艺术)之夜,以及长期资助和购买艺术家的作品。基金会创始人阿兰·多米尼克·佩兰解释说:"我希望让卡地亚摆脱传统、古板、堆砌的奢侈品形象。"基金会的主管甚至强调了卡地亚当代艺术基金会相对于公司的独立性,他们认为艺术作品的推广和品牌商业逻辑之间没有任何从属关系。普拉达基金会位于意大利米兰,在米兰市中心拥有一个专门用于展览摄影作品的空间:维托里奥·伊曼纽尔画廊。基金会的工作人员根据艺术、历史、建筑或地理等不同专业背景,在接受基金会的培训后,都能以高水平的服务质量参与各项工作。普拉达基金会赞助了许多当代艺术家,为他们策划作品展出,同时涉足艺术教育事业。基金会策划的艺术品展览结束后,参与者通常会进行反馈,大多数人承认,在参观之前,他们坚信会有一场时装展,或像传统的品牌展览一样,专门介绍普拉达的发展历程;然而,他们发现事实并非如此,一个时尚品牌居然真的在纯艺术领域投入了大量资源,为的是让人们习惯于将当代艺术与难以触及的奢侈品行业联系在一起。[①] 这是品牌价值的一种外溢。爱马仕资助的壁画艺术修复工作——"壁画之旅",于 2021 年底在帕多瓦揭幕。这座古老的意大利城市以其富有表现力的 14 世纪壁画而闻名,这些壁画已被联合国教科文组织列为世界遗产。未来四年,爱马仕将在意大利半岛继续赞助四个类似的修复工程。

爱马仕"壁画之旅"
(图片及资料来源于品牌官网)

---

① Grassi A. Art to Enhance Consumer Engagement in the Luxury Fashion Domain[J]. Journal of Fashion Marketing and Management:An International Journal,2020.

　　互联网和短时娱乐模式(以短视频为代表的新媒体形式)的快速发展,一方面为艺术赞助提供了更多的可能性,另一方面也使艺术投资领域面临着在数字时代寻找新方向和新策略的挑战。随着每天接收信息量的急剧增加,人们已经很难长时间专注于一件艺术作品,因此,除了审美价值外,奢侈品品牌意识到艺术品的经济价值似乎更为重要。不同于中世纪阶级分化所导致的贵族垄断,为了从艺术投资中获得更高的回报,如今的艺术赞助商一般情况下不再主导艺术家的创作,艺术作品的受众转而发挥着至关重要的作用,基金会通过对市场的掌握和对大众审美的认知来进行艺术投资。尽管如此,艺术基金会仍然发挥着重要作用。《艺术与商业》中写道:"首先,顶尖的艺术投资者往往引领着整个时代的艺术美学潮流;其次,奢侈品品牌艺术基金会的有效推广和良好的艺术宣传可以为品牌带来更高的附加价值;再次,基金会可以发掘本土艺术家,支持本土艺术,促进跨地域艺术的交流与发展;最后,基金会的专业性可以起到完善艺术品投资机制的作用,加强市场管理,防止艺术品投资的垄断行为,从而调动艺术家的创作积极性,维护艺术市场的稳定。"①

---

　　① 　Martorella R. Art and Business: An International Perspective on Sponsorship [M]. Westport: Greenwood Publishing Group, 1996.

第五章　品牌发展的永恒动力——创新

　　"认为品牌传统是稳固不变的历史财富"是老牌奢侈品品牌很容易陷入的误区,最初的奢华特性并不能完全代表客户心目中最重要的价值,这种将品牌遗产视为可以一劳永逸的历史财产直接加以继承的想法,时常抑制奢侈品品牌寻求动态创新的步伐,也阻碍了在当前瞬息万变的新兴市场重新定位、发展和加强其品牌价值的能力。很多奢侈品品牌认识到这一点后,在设计、营销等方面开创了新风格、新模式,不断发展品牌文化,将传统和现代理念相融合,以满足新兴客户的喜好。在这个奢侈品市场下沉的消费主义时代,品牌需要把庞大的新兴消费群体的情感需求视为一个关键因素。只有当情感需求被满足,用户才能不断增强对品牌的认同感。成功的传统奢侈品品牌可以在变幻莫测的现代社会通过让消费者找到"自我"和"个性"来保持品牌价值,让消费者将品牌的某一个元素或部分视为自己的独特性、归属感的映射,销售纽带便得以建立。奢侈品不仅关乎质量、独特性和文化底蕴,更重要的是为消费者提供与众不同的身份感。但是面对不同地域、不同文化背景、不同艺术偏好的消费者群体，还有他们不断变化的需求，品牌如果想寻求市场，最宝贵的工具莫过于持续创新。创造品牌新形象也必将成为亟待解决的重要挑战之一。

　　尽管传统意义上，艺术与时尚一直是奢侈品品牌对消费者的独白，但在日新月异的当下，科技飞速发展，人们想要满足情感需求并不局限于时尚这一种方式；也就是说，多元化的科技赋予了普通消费者与高奢品牌对话的权利，我们可以尽情表达自己不断变化的需求和想法，这是一个以消费者为主导的、互联互通的信息共享时代。① 奢侈品品牌们纷纷开始探索如何在传统中开辟新路径。他们通过开发新设计和创新品牌战略以响应消费者需求，同时保留一脉相承的品牌核心价值，从而有效地将品牌稳固在当代市场。

一、品牌标志的演变

　　提起奢侈的具象表现，我们会联想到什么？ 炫目的品牌标志？ 还是产品居高不下的价格？ 基于对奢侈品行业动态的深入了解和对全球消费者的研究，不难看出这样一个事实：奢侈品的本质特点是超出产品功能价值的消费。回顾历史，奢侈是一个社会中最有

---

① Morley J, McMahon K. Innovation, Interaction, and Inclusion: Heritage Luxury Brands in Collusion with the Consumer[C]//Fashion & Luxury: Between Heritage & Innovation: The 13th Annual Conference for the International Foundation of Fashion Technology Institutes, 2011.

权势之人(神、半神、国王、贵族等)的特权和标志,他们可以获得黄金、城堡、专属性的娱乐,却不需要辛苦劳作,所以传统意义上的奢侈是衡量地位的一种硬性标准,它本身是具有继承性的。一直到20世纪初,能够住在独栋豪宅里、开私家车、滑雪、拥有游艇,就是奢侈的标志了,并不需要考虑它们是什么品牌,这叫作"绝对奢侈"。奢侈品行业竞争初现时,各大品牌纷纷用显眼的标志来构建品牌的视觉符号,高质量、不易得的产品和标志一起,赋予品牌极高的象征价值。但伴随着法国大革命,尤其是工业革命产生的深远影响,如今我们不再需要考虑阶层,每个人都可以凭借财富获得奢侈品,普通城市的百货大楼里也有来自世界各地的精致产品,我们进入了"现代的奢侈":一种相对的、攀比的奢侈。问题不再是你是否拥有一辆车,而是你拥有什么车,玛莎拉蒂还是保时捷。将近一个世纪后,为了促进经济增长,消费主义让每个人都希望购买到钟爱的"榜样同款",仿佛有了这些产品,就能和代言人一样拥有金钱、权力和荣耀。总而言之,在贵族世界里,奢侈品是社会阶层继承的产物;在民主的社会中,它是潜在的身份感认同信号,我们努力消除这种社会分层,却无法杜绝追逐独特的原始欲望。人们互相攀比、互相竞争。炫耀是购买奢侈品行为的固有特征,是难以改变的人类本性,但在理性思维占据主导地位的现代社会,这种攀比的外露感正在消减。调查表明,很多消费者在奢侈品商店购物时,希望自己买的东西不要过于显眼,以免被认为是故意炫耀奢侈品的商标。这一方面是因为他们担心受到来自社会的某种"道德谴责",另一方面则由于精英群体开始要求用更加柔和和微妙的方式与普通人区别开,"低调的奢华"应运而生。① 这种改变在品牌标志的演变中得以体现。

奢侈品消费者中有一类人,他们已经获得了完全的购物自由,不像其他人会为了价格等因素思前想后,也就无须通过标志来彰显实力。这类消费者会倾向于选择隐藏商标的品牌,只通过某些典型的图案或设计来识别,这意味着只有懂行的人才能从细节里判断出你的穿着品位。随着经济水平和受教育程度的普遍提升,像这样寻求"隐性认同"的消费者群体日益庞大。2010 年的一项研究证实:收入较低但渴望获得身份认同的人,仍然钟爱显眼的商标,相反,这一群体也是假冒产品的核心目标客户。奢侈品品牌需要权衡,通过迎合不同的人群来谋求发展。以路易·威登为例,它研究了不同客户群体对品牌标志的敏感度,对此采用了双重策略:第一,开发价格高昂的新产品线,配上明显的标志,以满足一部分人对独特性的需求。但这项策略并不具有长期性,W. 阿玛多施(W. Amaldoss)和 S. 贾因(S. Jain)的研究将此类消费者称为"势利者"。尽管"势利者"愿意出高价为标志买单,可一旦有越来越多的人拥有了"同款","势利者"的购买力就会显著下降,品牌不得不在短时间内不断开发新产品。第二,路易·威登削弱了某些产品上标志的存在感,"一个包越贵,就越不显眼",反之亦然。奔驰也

① Kapferer J N. Luxury after the Crisis: Pro Logo or No Logo[J]. The European Business Review,2010:42-46.

是如此，A 级车标的直径是 16 厘米，而 S 级车标的只有 6 厘米。相关研究人员进行了统计回归分析，发现品牌标志每缩小 1 厘米，就会有客户愿意多支付 5000 美元。今时今日，奢侈品品牌与消费者之间的接触点更加广泛，仅凭标志并不足以维持客户的青睐，需要品牌开发更加丰富多元的商品特质，而品牌标志依然是品牌最核心的符号。在这样的趋势下，各大奢侈品品牌选择标志简约化、标志淡化、去标志化等手段，配合整体销售策略的转变，将"品牌认同"的重心向更加高级的艺术细节上转移，例如独一无二的面料织造工艺、品牌独创的压花技术等，以此保持并增强品牌辨识度。

二、营销模式的升级

2017 年法国巴黎银行的一份报告显示，随着对奢侈品文化的理解逐步加深和专业知识的不断积累，中国市场中成熟的奢侈品消费群体对品牌创新极为看重，他们希望看到超越经典的新产品。而根据《2017 年中国奢侈品市场研究》的分析，中国内地的奢侈品消费额在 2016 年第三季度开始强劲反弹，2017 年稳步增长了 20%。不仅是中国市场，放眼整个世界，千禧一代已经成长为引导奢侈品发展趋势和加速奢侈品消费增长的主要驱动力。他们的消费观念与上一代人有着明显的不同，奢侈品的"年轻化"是奢侈品品牌不可避免的挑战，也是整个时尚行业的关键词。古驰在 2015 年 1 月上任的创意总监亚历山德罗·米凯莱（Alessandro

Michele)，让古驰完全脱离了以往的设计风格，引入了新的极客时尚美学(Geek-Chic)，繁复的昆虫、花卉和其他组合图案平铺在面料上，令人眼花缭乱；普拉达则开始逐步变革营销方式，譬如先将拥有独特压花纹路的传统 saffiano 皮革系列进行创意处理，试探消费者的反应，根据销售情况再进行下一步的革新；爱马仕开始尝试进军美容美妆行业；芬迪联手豪华住宅业；思琳推出了第一个独立的男装系列……所有的改变都预示着奢侈品品牌扭转传统观念的雄心。与时俱进，紧跟潮流，是奢侈品在当代生存的本质需求。

路易·威登同样没有局限于传统的风格和品牌历史，果断将自己打造成跨界合作模式的先驱。它很擅长通过与其他品牌合作来拓宽自己的营销渠道：早在 2010 年，路易·威登就通过推出"Capucine"和"Lockme"等收藏品和新的产品线成功吸引了新兴消费者的目光；之后的路易·威登逐渐加快了市场扩张，创造了新的营销概念，开始与村上隆、卡伍斯(KAWS)①等艺术家，以及街头风格的 Supreme 等国际品牌合作。在 150 余年的发展历程中，箱包一直是路易·威登的支柱产品，工艺精湛、持久耐用、不怕风雨和远途旅行的实用主义是其品牌宗旨之一，同时在细节上体现奢华和艺术，这是路易·威登独特的品牌魅力，深入人心的产品形象、图案、经典的棕色皮革都发展为品牌的显性符号。当路易·威

---

① 布赖恩·唐纳利(Brian Donnelly)，专业上称为 KAWS，是美国艺术家和设计师。他的作品反复使用一系列人物形象和图案，其中一些可追溯到 20 世纪 90 年代他的职业生涯之初，最初以 2D 绘制，后来以 3D 实现。

登在新世纪初开始尝试转型时,关于如何在跨界合作中保持品牌特点,是其首要考虑的问题。在众多的联合品牌设计中,我们不难发现一个规律:路易·威登十分擅长将自己品牌的设计风格与联合品牌相融合。例如与 Supreme 的合作系列,在 Supreme 街头风满满的字母组合图案标志中加入了标志性的矩形框,使优雅贵族感与街头潮酷风和谐共存。此举收获了不少年轻消费者的喜爱,掀起一股奢侈品品牌时尚转型的风潮。2019 年,路易·威登尝试了创新力度更大的营销策略以稳固年轻市场,与 Riot 合作,为《英雄联盟》全球总决赛定制独家手机壳,推出《英雄联盟》历史上第一个通身穿着路易·威登服装的游戏英雄,平台上最昂贵的英雄皮肤诞生了。此外,代表着路易·威登品牌历史的皮箱不再装着奢侈的古董和华美服装,而是承载着赛事的奖杯。这种程度的跨界合作,无疑是时尚界的里程碑式转折点。[①]

除了在产品销售渠道上进行创新,还有一些品牌开始追溯时尚产业的源头问题。持续蔓延的新冠肺炎疫情给全球贸易供应链带来了前所未有的挑战,奢侈品行业也因此受到影响。这场危机促进了越来越多奢侈品品牌环保意识的觉醒,也让更多的业内人士和消费者开始关注可持续时尚;从某种角度来说,疫情对奢侈品行业向可持续时尚转变有着积极的推动作用。为践行"编织可持

---

① Gu J, Liang Y, Wang R, et al. Market Change: How to Transform and Upgrade Luxury Goods in the New Era[C]//2021 3rd International Conference on Economic Management and Cultural Industry (ICEMCI 2021). Dordrecht: Atlantis Press,2021:2927-2933.

路易·威登奖杯行李箱

（图片来源于品牌官网）

续时尚未来"这一承诺,开云集团并没有因为"可持续时尚转型应该由品牌还是消费者发起"这一两难境地而停滞不前,而是主动构建了一个为创新者和全球时尚品牌提供交流途径的平台,于 2018 年 12 月正式推出了"开云可持续创新先锋奖",旨在表彰和支持那些在可替代性材料、绿色供应链、零售和循环经济等方面为社会带来积极影响的初创企业。2021 年底在上海浦东美术馆举办了该先锋奖项第二届的颁奖典礼,Peelsphere 凭借海藻和水果渣创新制作的百分百生物可降解的新材料技术摘得桂冠。本届评选侧重于生物多样性的恢复和保护,以期推动时尚行业绿色创新发展,这一主题也与开云集团在 2020 年发布的生物多样性战略一脉相承。

不只聚焦上层用户和高端市场,奢侈品品牌下沉、拓宽大众市场的脚步也越来越快。路易·威登的母公司 LVMH 集团斥资 1 亿美元,通过私募股权基金会收购了中国餐厅翡翠饮食(Crystal Jade)超过 90%的股权,正式进军中国大陆餐饮界,让大多数买不起高价时尚单品的消费者可以享受货真价实的路易·威登小笼包或是路易·威登虾饺;古驰在上海打造了品牌"菜场",在充满人间烟火气的小商铺里推广品牌理念。对于这样的奢侈品品牌子业务来说,它们的价值在于让更多消费者得以接触奢侈品,聚集大众的目光,借此营销品牌理想化的生活方式,开拓另类的线下体验,吸引未来有可能购买奢侈品的目标群体。

在收获掌声的同时,不同品牌在广告传播、营销和设计方面的各种转型升级都面临着短期和长期的挑战。短期内,如果新设计和新策略不能第一时间抓住消费者的眼球,就很容易被同期的竞争对手淹没,那么后续推广就很难继续下去。从长远来看,新战略的影响力不管再大也会渐渐消散,在转型期间,一旦品牌传统丢失,品牌的资源和声誉极有可能随之枯竭。创新的营销战略体现着品牌的时代适应能力,它们快速捕捉时代的变化发展,将传统与现代积极融合,在机遇和挑战中重塑自身。

三、服饰设计与科技研发结合

互联网起步之初,大部分奢侈品品牌都对数字化的现代交易模式持有一些偏见,例如:人们不会在网上购买昂贵的商品,品牌实体店提供的个性化客户服务和购物体验会一直受到偏爱,电子零售只针对中低端客户等。虽然越来越多的企业意识到信息传播效率的重要性,于是逐步深入数字领域,但奢侈品行业的科技化进程却一直比较缓慢,更多的是用旁观者的视角。这是可以理解的,因为奢侈品品牌习惯于在代表高端时尚的传统零售方式上蓬勃发展,为了保持品牌文化,往往对前沿潮流的变化保持谨慎,如果奢侈品由于网购的普及而变得广泛可用,所谓的奢侈就失去了意义。因此,许多奢侈品品牌不遗余力地维护自身的稀缺性和独特性,香奈儿直到 2020 年还未开拓时装的网上销售业务。诸如此类,奢侈品品牌不仅希望保持其产品的独特性,更希望保留只有精品店才能提供的绝佳购物体验。正如香奈儿时尚总裁所说,没有任何东西可以取代精品店的服务。得益于时代迅速增长的科技力量,如今,奢侈品品牌摒弃了传统思维,逐渐开拓了强大的互联网业务,在精心筛选过的社交媒体上投放广告,建立品牌专属的虚拟形象。几乎所有著名的奢侈品品牌都拥有自己的品牌官网和社交媒体账户,经常积极地利用它们来建立品牌资产,成功进行了一系列数字化品牌建设。根据统计,2013 年奢侈品的总销售额仅增长了 2%,

而其中线上销量就占据了 20％,达到惊人的 90 亿欧元。[①]

奢侈品不同于许多其他商业领域,为客户提供专属定制化服务是奢侈品品牌的一大王牌,关乎用户体验感的数字化转型必然是特殊且复杂的。其他领域的有效做法应用在奢侈品行业可能会适得其反。例如网络客服,被普通品牌用来进行客户咨询、售后等业务,而奢侈品品牌的受众群体往往希望品牌能提供与其形象相对应的个性化服务,面向大众的客服系统很难做到这点。[②] 此外,由于奢侈品购物通常发生在现实的社会环境中,许多消费者购买奢侈品是为了满足社会需求:将光顾奢侈品精品店视为朋友之间的一种社交体验。这也是简易快捷的线上交易未能具备的条件。因此,为了尽可能还原甚至超越传统奢侈品销售环境和服务的细节,奢侈品品牌开始利用最先进的互联网技术实现多元化的参与者互动,用多方位视角为奢侈品品牌提供更多吸引顾客的机会。德勤(Deloitte)2017 年的一份行业报告指出,作为在互联网时代成长起来的新生代奢侈品消费者,社交媒体是千禧一代迄今为止最重要的信息来源。《福布斯》在 2019 年预估,千禧一代和更年轻的消费群体已经占奢侈品消费者总数的三分之一,预计到 2024年,这一比例将超过 50％,这无疑会从根本上改变奢侈品行业的市场方向。理解和加强消费者需要的多重互动,以及注入新的技

---

① Dauriz L, Remy N, Sandri N. Luxury Shopping in the Digital Age [J]. Perspectives on Retail and Consumers Goods, 2014: 3-4.

② Holmqvist J, Wirtz J, Fritze M P. Luxury in the Digital Age: A Multi-Actor Service Encounter Perspective[J]. Journal of Business Research, 2020, 121:747-756.

术,对于奢侈品品牌将其服务与不断变化的客户需求保持一致至关重要。

科技飞速发展,奢侈品参与互联网销售早已屡见不鲜,一些品牌开始利用高科技加持的数字工具增强互动体验。2019 年 11月,法国高级香水品牌娇兰(Guerlain)推出 Mindscent 服务,在消费者数字体验环节开展了一次成功的实践,由此拉开了奢侈品品牌进军店内虚拟体验的序幕。在娇兰设计的互动过程中,顾客戴上可以触发神经元感知的高科技面具,充分唤醒嗅觉,沉浸式体验百余种不同的香味,再从中选出最适合自己的产品。这种与客户进行数字化互动的尝试,与奢侈品概念里超个性化的部分相吻合。巴黎奢侈品百货公司老佛爷(Galeries Lafayette)推出了数字化衣架整理系统,如果货架上的时装缺少合适的尺寸,顾客只需要在数字货架的显示屏上输入想要的尺寸,服务人员就会迅速把货品送来。为进一步实现消费者的自助式虚拟体验,香奈儿在其精品店的一些时尚产品旁边放置了 QR 二维码,消费者可以随时扫描并观看心仪产品的短视频简介。

不只是营销领域,一些充满前卫意识的时装设计师直接将先进的数字技术应用在服装设计上。荷兰时装设计师艾里斯·范·荷本最早尝试在服装中添加 3D 打印、激光切割等技术,显然,她不怯于数字时代的快速发展,反而用创新和才华成为科技的盟友,在数字化、材料学和手工艺之间找寻到了完美的平衡,被称为"未来主义的先行者"。早在 2015 年,服装公司 Betabrand 就曾使用无人机在硅谷时装周上展示服装模型。之后,意大利奢侈品品牌杜嘉班纳在米兰时装周期间,也让无人机携带品牌最新款手袋飞上了晚装活动的秀场。当晚大约有七架无人机出现在 T 台,每一架都搭载了杜嘉班纳 2018—2019 年秋冬女装系列的皮革系列和镶嵌珠宝的 Devotion 手提包。每架无人机的"头部"都嵌着一块宝石,与晚宴主题"Secrets & Diamonds"相呼应,格外夺目。它们排成一队,缓缓飞上 T 台,有序地悬停在空中供观众们拍照。必须承认,科技革命不可避免,它发生在各行各业,不管是时尚界还是别的领域,创新技术都在不断替代人力物力,这是时代发展的大势所趋。科技不一定会颠覆时尚,但时尚主动拥抱科技却是必然。①

① 唐宇萌. Dolce&Gabbana 新款手袋的走秀模特竟是无人机?![EB/OL]. (2018-03-04)[2022-01-03]. https://www.jiemian.com/article/1968080.html.

第三篇

奢侈品行业的延续

第六章 走向大众

一、大众化的表现

经过 20 世纪的发展,奢侈品已逐渐走出过去与世隔绝的大陆,能够接触奢侈品的人群范围愈加广泛,奢侈品客户群得到成倍的增长。在传统顶级奢侈品品牌中,路易·威登是民主化的著名例证,从过去为皇室贵族、上流社会富人制作旅行箱,到如今面向各种经济背景的人,可以说跨越了年龄、种族、地域和收入差异等各个层面。据统计,在品牌专注于亚洲新市场并成功实现扩张后,截至 2011 年,85％的日本女性至少拥有一件带有品牌花押字的路易·威登产品。而近来,路易·威登所属的 LVMH 集团最为瞩目的民主化举措则是于 2019 年与活跃于社交媒体的欧美女歌手罗比恩·蕾哈娜·芬缇(Robyn Rihanna Fenty)合作,共同推出芬蒂(Fenty)这一全新奢侈品品牌,由蕾哈娜本人担任该品牌的首席执行官兼创意总监。蕾哈娜此前就已推出美妆品牌 Fenty Beauty

和内衣品牌 Savage×Fenty,而芬蒂的品牌定位则是巴黎的高级时装屋,然而该品牌不同于传统奢侈品品牌的销售模式,具有明显的大众化倾向,比如 200～1100 欧元的定价区间,以及利用快闪店和品牌官网销售的直营模式。①

1. 大众奢侈品品牌出现

民主化进程已成为奢侈品最强劲的驱动力,也是当今奢侈品市场日渐繁荣的注解,原因在于奢侈品世界逐步与工业化社会和消费社会接轨,其原先所处的环境已经无法满足其发展的需求②,奢侈品阵地随之发生转移,大众化奢侈品品牌也应运而生,如卡尔文·克莱因、迈克·高仕(Michael Kors)、蔻驰、汤丽·柏琦、汤米·希尔费格(Tommy Hilfiger)等。这些品牌被冠以新的概念——轻奢,即 accessible luxury 或者 affordable luxury,成为新进入者中一支不可忽视的力量。这类品牌往往瞄准中产阶级且定位广泛,在消除了传统奢侈品的高昂价格和获得途径障碍后,让消费者拥有更丰富选择的同时,也令奢侈品市场的结构趋于多元化。

美国是现代民主的发源地,这种民主也渗透至其奢侈品行业的发展过程,形成了独特的"美国模式",最显著的就是"3M"商业模式的转化应用,即大众市场营销(mass marketing)、大规模生产

---

① Drizzie. 蕾哈娜的新品牌 FENTY 将如何改变奢侈品定义?［EB/OL］.(2019-09-12)［2020-11-20］. https://new.qq.com/omn/20190527/ 20190527A0N3NW. html.

② Kapferer J N,Bastien V. 奢侈品战略:揭秘世界顶级奢侈品的品牌战略［M］. 谢绮红,译. 北京:机械工业出版社,2014:6-8.

(mass production)及大规模销售(mass sales)。[①] 作为建国仅有240余年的年轻国家,美国并无深厚的历史和皇室传统,因而并没有传统意义上真正的"奢侈品"概念。在这块大陆上诞生的品牌也无法像传统意义上的欧洲奢侈品品牌一样,将悠久历史和技艺传承作为赢得市场的筹码,其最大的优势在于巨大的本土消费潜力和迎合其社会价值观的民主化理念,而美国的连锁百货系统和成熟的商业体系,也有利于品牌快速实现扩张和终端销售。

(1)蔻驰

美国泰佩思琦(Tapestry,原蔻驰)旗下的皮具品牌蔻驰是在轻奢领域最富经验的品牌之一,由莉莲·卡恩(Lillian Cahn)和其丈夫麦尔斯·卡恩(Miles Cahn)于1941年在纽约曼哈顿工业区创立的一间小型家庭皮具作坊发展而来。然而,该品牌并非在创立之初就将自身定位为奢侈品品牌,尽管其拥有一定的历史性,并且手工制作的高质量皮具和配饰使之具有了良好的声誉。20世纪60—70年代,品牌成立初期,设计师邦尼·卡什(Bonnie Cashin)将趣味、时尚和实用融入蔻驰的手袋设计中,为品牌成功打开了市场。但在90年代后期,由于传统欧洲奢侈品品牌(如路易·威登和古驰)的竞争开始流失顾客。也正是在这个时期,蔻驰在当时首席执行官卢·法兰克福(Lew Frankfort)的举措下开始重新定位为"现代美国生活方式"品牌,产品售价区间为125～

---

① 萨维奥洛,科贝利尼.时尚与奢侈品企业管理[M].江汇,译.广州:广东经济出版社,2016:34.

2000美元,并将目标客户群体锁定范围扩大至处于美国社会顶端20%的家庭,同时增加低价的优质手袋供应以填补市场上的空白,使年轻的消费者可以承担。如今,蔻驰已发展为上市的全球性配饰品牌的巨头。

(2)迈克·高仕

在轻奢配饰领域,蔻驰的竞争对手之一是同样诞生于美国本土的迈克·高仕。迈克·高仕于2011年上市后,股价上涨迅速,成为"负担得起的奢侈品"市场的主导者之一。时装设计师迈克·高仕于1981年创建的同名品牌,在极简主义盛行的90年代,因其典型的jet-set美式风格而大受欢迎。但如今最为大众所熟知的产品并非其成衣,而是个人配饰,尤其是带有MK字样标识的手袋。值得注意的是,迈克·高仕近两年来也开启了集团化进程,并先后进行了两次大型奢侈品收购:2017年以12亿美元收购奢侈鞋履品牌周仰杰,成为其打造美国奢侈品集团战略的开端;2018年又以21.2亿美元将意大利时装品牌范思哲纳入版图。同时,将迈克·高仕控股(Michael Kors Holdings)更名为凯普里控股(Capri Holdings),以进一步巩固在奢侈品领域的地位。不同于竞争对手蔻驰收购同样以配饰闻名的轻奢品牌凯特·丝蓓(Kate Spade),迈克·高仕收购的均是声誉远高于自身的高端类奢侈品品牌,可见其成为"美国LVMH集团"的野心。而此前由家族控股的范思哲在失去其灵魂人物詹尼·范思哲(Gianni Versace)后,品牌业务总体状况始终不理想;由于缺乏标志性产品,品牌知名度也未能带来稳定的现金流。如今,"手袋和化妆品才是品牌的面包和黄油",鉴于此,凯普里控股表示将上调男女配饰和鞋类的收入比例来确保同比盈利,同时加快全球零售业务布局,并积极开发电子商务和全渠道,以支持公司实现年营业额 20 亿美元的目标。①在全球化的行业规模下,客户群体日趋多样化,凯普里控股因而推出成衣和度假系列,开发美容产品和香水,力推手袋和配饰,扩大零售网络等,旨在通过这一系列措施增加与消费者的接触,帮助品牌扩大市场份额并获取实质性利润。

轻奢奢侈品集团

集团类型	集团名称	总部	成立时间	旗下品牌/产品线
多品牌	泰佩思琦	美国纽约	1941 年	蔻驰、凯特·丝蓓、斯图尔特·韦茨曼(Stuart Weitzman)
	凯普里控股	英国伦敦	1981 年	范思哲、周仰杰、迈克·高仕
	鹏卫齐集团(PVH Corp.,前称为 Phillips-Van Heusen)	美国纽约	1881 年	卡尔文·克莱因、汤米·希菲尔格

---

① Tan J. Michael Kors to be Renamed Capri Holdings after US $ 2.12bn Acquisition of Versace [EB/OL]. (2018-09-26)[2020-11-20]. https://www.marketing-interactive. com/michael-kors-to-be-renamed-capri-holdings-after-us2-12bn-acquisition- of-versace/.

续表

集团类型	集团名称	总部	成立时间	旗下品牌/产品线
单品牌	拉夫·劳伦	美国	1968 年	拉夫·劳伦、Polo Ralph Lauren（副线品牌）、Purple Label（副线品牌）、Double RL（副线品牌）
	汤丽·柏琦	美国	2004 年	汤丽·柏琦、Tory Sport（运动系列副线品牌）

2. 奢侈品品牌的延伸

上述提及的将已有的品牌用于新的产品或服务,在最高端奢侈品品牌商业模式中也占有举足轻重的地位。事实上,当今奢侈品市场中,大部分奢侈品品牌都通过领域转化、扩大产品范围而发展壮大,即所谓的品牌延伸。将品牌某一领域的形象和能力延伸到另一领域,或者开发出一系列全新的产品①,通常包括扩展产品品类和增设品牌线两种扩张方式。

不以配饰为重点,依靠成衣业务支撑起品牌独立运作的独立设计师德赖斯·凡·诺顿(Dries Van Noten)早前就在个人纪录片《德赖斯》(*Dries*)中表示:"大型奢侈品品牌集团变得越来越重

---

① 颂,布朗卡特.奢侈品之路:顶级奢侈品品牌战略与管理[M].谢绮红,译.北京:机械工业出版社,2016:101-104.

要……时尚世界正在急速变化,配饰变得越来越重要,时尚也越来越冰冷……这是个充满了配饰、鞋履、手袋等冰冷产品的世界。"

高级时装品牌纪梵希创始人于贝尔·德·纪梵希评论当今众多奢侈品品牌的现状时说道:"现在的时装屋只靠配饰续命。连香榭丽舍大道(Avenue des Champs-Élysées)的时装名店,都是挂时装之名,实际在卖手袋、皮鞋。"

(1)扩展产品品类

奢侈品品类的增多延伸了品牌的领域,使消费者得以通过新的产品进入品牌领域,并且新的产品通常比核心产品更加大众化。20世纪初在高度分工的环境下发展起来的知名奢侈品品牌,始终遵循其特定的交易方式甚至单一的产品,比如爱马仕经营马具,路易·威登是箱包制造商。直到一战后,奢侈品品牌才开始制造或冠名它们之前并未涉及的产品。① 开创"女装赋予香水品牌"先河的是保罗·波烈,其于1910年推出了第一款香水"黄金杯"(Coupe d'Or),而此后取得最大成功的则是现代香水鼻祖——传奇的香奈儿5号香水。

以下是香奈儿官方网站 Inside CHANEL 对5号香水的介绍:

可可·香奈儿作为一位时装设计师为封闭保守的香水业带来了巨大变革。在她看来,女子的香味应该与她的穿着风格同等重

---

① Kapferer J N,Bastien V. 奢侈品战略:揭秘世界顶级奢侈品的品牌战略[M].谢绮红,译. 北京:机械工业出版社,2014:179-180.

要,因此她想要创造"一瓶闻上去有女人味的香水"(a women's perfume with a women's scent)。香奈儿邀请俄国沙皇御用调香师恩尼斯·鲍(Ernest Beaux)为其调制一款香水,最终选择了第5个香水样本,5号香水因此得名。其传奇之处还在于打破了当时崇尚单一花香调的惯例,大胆地将茉莉、五月玫瑰、海地香根草、依兰依兰、檀香木、柑橘花、橙花、巴西东加豆等80多种花材集中在一瓶香水之中,并且首次运用芳香物质乙醛,让所有成分完美融合,也使得香气更有层次。5号香水使用的包装瓶身纯净、简洁,没有任何赘饰,完美切割的瓶盖则以芳登广场(Place Vendôme)的几何轮廓为灵感。二战的硝烟刚从巴黎散去,美国大兵便簇拥于康朋街的香奈儿精品店前,排着长龙为家乡的恋人购买5号香水;玛丽莲·梦露(Marilyn Monroe)在1952年以全球最知名女星的身份回应记者问她穿什么睡觉时说,"几滴5号香水"(Just a few drops of No.5);1959年5号香水瓶成为纽约现代艺术博物馆永久典藏;安迪·沃霍尔(Andy Warhol)以5号香水为主题,创作了一系列丝印版画。这款诞生于1921年的香水,至今仍然是全球最畅销、最著名的香水。

从高级时装延伸至香水领域的这一举措自此转变为可行且收益颇丰的途径,同时作为吸引消费者的入门产品,香水也成为品牌发行广告以提升大众市场品牌意识的手段。香水的诞生得益于13世纪一位名叫阿诺·德·维尔诺夫的西班牙炼金术士对酒精提纯方法的改良,而现代意义上的香水则由法国的香水制造商,如霍比格恩特(Houbigant)和娇兰在19世纪中叶为上流社会人士创造。当20世纪30年代知名品牌推出的经由溶剂稀释处理的"化妆水"(eau de toilette)在50年代成为主流时,香水才开始进入中间市场,这也成为奢侈品品牌香水民主化的开端。[①]从香奈儿5号香水、圣罗兰"鸦片",到迪奥真我香水、阿玛尼挚爱香水、马克·雅可布的小雏菊,都已拥有广泛的群众基础。

和香水同属于美妆产品的以口红为代表的彩妆线在奢侈品大众化趋势下,近年来的业绩也获得飞速增长,成为各大集团的"现金奶牛",更被视为能够维持消费者的品牌忠诚度的业务。对以服饰为主要产品的奢侈品品牌来说,美妆作为入门级产品已被证明是提高利润率的最有效的方式之一,据称其利润率甚至可以超过80%。而在低迷的经济环境下,消费者更倾向于减少大手笔投资和支出,而消费欲望则会引导人们更多购买价格相对较低的小件商品,比如口红、香水和护肤品等,香奈儿、迪奥、阿玛尼、圣罗兰、博柏利和汤姆·福特等时装品牌已通过美妆产品(以彩妆线产品为主)获得了显著和持续增长,皮具品牌古驰和爱马仕也在2019年宣布进军该领域。

美妆产品往往通过授权许可协议的方式进行,奢侈品品牌合作的授权美妆企业包括欧莱雅集团(L'Oréal)、科蒂集团(Coty)、娇韵诗集团(Clarins)等。原因在于当许可方进入新市场或发展

---

① 托马斯.奢侈的![M].李孟苏,崔薇,译.重庆:重庆大学出版社,2011:176-181.

与核心业务相距较远的业务的起步阶段时,比如上述品牌都是从时装领域延伸至美妆产品领域,授权许可协议往往只需支付设计、传播以及办理许可协议的许可经理人或许可机构的费用,能够帮助品牌减少时间和资源上的投入,包括技术、财务、人力和分销能力等方面则都由被许可方提供,这使得授权许可能够在有力地推动品牌迅速实现产品多元化的同时贡献巨大利润。[1] 大部分奢侈品品牌的眼镜产品也属于此类业务,知名的授权企业有陆逊梯卡集团(Luxottica)、霞飞洛集团(Safilo)。然而,许可协议存在授权不当造成品牌资产稀释的隐患,对于奢侈品品牌来说更需保持谨慎的态度。作为高级时装品牌中授权许可先驱的皮尔·卡丹就因过度授权而使品牌失去可接近性和独特性之间的平衡,最终退出奢侈品领域。

“手袋让你的生活更愉悦,让你有梦想,带给你自信,向你的左邻右舍秀你的良好境况。每个人都买得起一只豪华手袋。”(卡尔·拉格斐)在如今的品牌延伸中更加倍受重视的则是手袋。手袋在促进品牌现代化、凸显时尚性的同时也为之带来了盈利。有数据指出,大部分奢侈品手袋的利润空间是其制造成本的 10～12 倍。自 20 世纪 90 年代后期开始,手袋开始被视为奢侈品“摇钱树”,成为推动奢侈品行业发展的引擎。皮具起家的奢侈品品牌往往遵循用成衣带动皮具销量的模式,比如路易·威登任命马克·

---

① 萨维奥洛,科贝利尼.时尚与奢侈品企业管理[M].江汇,译.广州:广东经济出版社,2016:223-236.

雅可布为创意总监首推成衣系列,其目的就在于销售手袋。对于消费者来说,比起马克·雅可布所说的"在背后装有拉链的合体橡胶连衣裙",购买陈列在精品店内相对容易获得的且对身形没有严苛要求的手袋更为合理,同时,手袋的标志性外观或炫耀性商标也被大众消费者视作身份的表达,这些一起造就了手袋的惊人销量。

人们过去用以放置随身物件的便携袋子是手袋的雏形,而书面文献的首次记载则要追溯至 14 世纪,其最初的基本形式是将小型袋子固定在位于腰间的束带上。16 世纪,手袋开始使用皮革等常规材质,其顶部带有抽绳用以拉紧加固,更具实用性,同时也出现了方便旅行使用的斜背式布袋,且容量更大。到了 17 世纪,手袋种类更加繁多,时髦男女都开始携带形状更为精巧的小钱包。而在新古典主义服饰流行的 18 世纪,女士所穿的半透明高腰裙不再固定有口袋,因此需要携带被称为"reticules"(手提网兜)的带抽绳的小包来放置胭脂、香粉、扇子和香水。① 现代手袋则伴随 20 世纪女性参政的出现而形成,并很快成为普通消费者的重要时尚配饰。手袋对女性来说意味着"新兴独立与随心所欲地来去自由"的真正开端则是在 20 世纪 60 年代末。女权运动背景下,女性衣柜里唯一留存下来的配饰——手袋,从胳膊转移至肩部,完全解放了女性的双手。奢侈品手袋的普及则是得益于 20 世纪 80 年代职

① Timmons H. A Brief History of Handbags[EB/OL]. [2020-11-21]. https://www. streetdirectory. com/travel _ guide/154813/handbags/a _ brief _ history _ of _ handbags. html.

业女性出于投资经典手袋用于保持身份的目的。这个时期的经典包袋包括被卡尔·拉格菲尔德重新演绎的香奈儿 2.55 手袋和复兴的爱马仕凯莉包。[①] 如今,各大奢侈品品牌依旧热衷于从品牌档案入手攫取灵感,融入符合当下时代精神的全新设计,再次推出其曾经风靡一时的手袋,比如迪奥重新发布了由其前创意总监约翰·加利亚诺于 1999 年设计的马鞍包。

对于奢侈品集团来说,创造带来高收益的产品是首要任务,因此它们竞相推出一个个具有高识别度设计的手袋,成为奢侈品品牌商业金字塔的基础,并通过大幅提高手袋投放的广告,获得时尚媒体的认可或被某个名人使用,以成就当季的"It Bag"(一定要拥有的包)。1997 年,时尚界目击了第一个"It Bag"神话:由希尔维亚·芬迪·文迪里尼(Silvia Fendi Venturini)设计的法棍包(Baguette),因手袋外形酷似法式传统长面包得名。简约的设计和相对亲民的价格使之很快获得了高曝光率,最为人所熟知的就是《欲望都市》(*Sex and the City*)中凯莉(Carrie)遭遇抢劫时的一句对白:"But it's a Baguette!"法棍包的推出使得芬迪这一老牌皮革毛皮公司迈入了顶级奢侈品品牌行列,在 10 年间共推出 700 多个款式,且累积销售高达 60 万个。法国时装品牌思琳得以从一间前景暗淡的小众时装屋发展为风格瞩目的全球性时装奢侈品品牌,很大程度上就是得益于设计师菲比·菲洛(Phoebe Philo)在

---

① 托马斯.奢侈的![M].李孟苏,崔薇,译.重庆:重庆大学出版社,2011:235-237.

思琳任职期间(2008—2018 年)推出的一系列"It Bag",包括经典盒型包(Classic Box Bag,2010)、笑脸包(Luggage Tote Bag,2010)、秋千包(Trapeze Bag,2010)和鲇鱼包(Belt Bag,2014)。曾就读于中央圣马丁学院的菲比·菲洛此前在蔻伊担任创意总监时期(2001—2006 年),就已通过推出"It Bag"设计使该品牌获得了商业上的成功,比如 2005 年的 Paddington——一款在柔软的皮革包身上装饰以醒目锁扣的手袋。

民主化的奢侈品市场促使消费者细分形成新局面的同时,消费者的需求也呈现出多元化趋向。因此,品牌不但以横向延伸的方式进入新市场以实现产品组合多元化,为顾客提供几种不同层级的产品延伸,还将发展为生活方式品牌作为长期目标进行战略性转变。比如在 1997 年,意大利奢侈鞋履品牌菲拉格慕在佛罗伦萨创立了第一家 Lungamo 酒店,正式成为尖端奢侈品中最早进军酒店业的品牌,范思哲、路易·威登、宝格丽也均设有豪华酒店来丰富其核心品牌的形象;珠宝品牌蒂芙尼于 2017 年在纽约第五大道开设全球首家咖啡馆 The Tiffany Blue Box Café,采用品牌标志性的"蒂芙尼蓝"作为空间主调,其工业风的设计也与品牌传承工艺及经典元素呼应,其中出售的一款售价 36 美元的 Blue Box Celebration Cake 以其经典的包装盒为原型,包裹蓝色糖衣的蛋糕装饰以白色蝴蝶结。尽管这类扩展的涉及品类并非长期战略核心产品的延伸,但均能够在不同场景下为消费者带来全新的品牌感知体验,并增加品牌当下的吸引力,以避免消费者对品牌产生单调乏味的感觉,进一步巩固品牌与消费者之间的情感联系,促进该品牌成为目标消费者的生活方式品牌选择。

阿玛尼是意大利成衣设计领域极具权威的品牌,被视为奢侈品行业最为多样化的品牌。据《福布斯》报道,截至 2018 年,阿玛尼的净资产超过 80 亿美元。除了涉及众多时尚领域,推出成衣、皮具、鞋靴、手表、珠宝、眼镜、化妆品等产品线,阿玛尼还积极扩展业务至生活方式领域,包括:

阿玛尼酒店及度假村——阿玛尼与伊马尔地产(Emaar Properties,拥有一系列豪华酒店和度假村)合作,以阿玛尼的名义建造和经营至少 7 家豪华酒店和 3 处度假村。阿玛尼将负责监督酒店室内设计和风格的各个方面。第一家阿玛尼酒店于 2010 年 4 月 27 日在哈利法塔(Burj Khalifa)开业。

阿玛尼家居——2000 年推出的高端室内设计系列,设计风格简单优雅,并充满复古气息,同年在意大利米兰开设旗舰店。

阿玛尼花艺——作为独家花艺服务,自 2000 年以来活跃在世界各地的主要独立花卉精品店和其他阿玛尼精品商店中。

阿玛尼甜点礼品——成立于 2002 年,主要销售巧克力、果酱、蜂蜜等。

这些向奢侈生活方式类业务的扩展而非时装类业务的延伸,能够丰富品牌的角色,有助于阿玛尼品牌继续成长,并强化其作为一种生活方式提供者的形象。同时,品牌的各类产品或服务上的体验,都始终凸显阿玛尼独特的风格和品牌精神。但也有专家指出,多样化品牌延伸会造成品牌不再独特和专营的问题,影响其被定义为奢侈品品牌的标准,阿玛尼品牌可能因此失去其作为时装品牌的识别性,致使其品牌形象不断被削弱,并稀释了其原本作为高质量且享有盛誉的意大利时装类奢侈品的品牌价值,该影响对于阿玛尼来说尤为显著。因此,在考虑奢侈品品牌多样化的同时,品牌的核心业务必须进行持续的提高和创新,以保证品牌的独特和专营,这是使品牌组合获得成功而非被稀释的关键。[①]

奢侈品品牌的品类扩展

核心产品	代表品牌	主要延伸领域
高级时装	香奈儿、迪奥、圣罗兰、纪梵希	高级成衣、手袋、香水、彩妆
时装	博柏利、阿玛尼、汤姆·福特	彩妆、香水
皮具(手袋/箱包)	路易·威登、古驰、普拉达、思琳、罗意威	成衣、鞋履
鞋履	托德斯、菲拉格慕	成衣、手袋
	路铂廷(Christian Louboutin)	彩妆
珠宝	卡地亚、宝格丽	腕表、香水、手袋
	蒂芙尼	腕表、香水

① 霍夫曼,科斯特-马尼埃雷.奢侈品到底应该怎样做[M].钱峰,译.北京:东方出版社,2014:181-185.

(2)增设品牌线

我创造了一个由完全不同的品牌构成的世界,包括 Emporio Armani、Colleziono 和 Prive 等,它们都适时地起到了作用。这个做法是毋庸置疑的,因为各品牌具有不同的故事、风格、质量和价格。或许,那些沿着阿玛尼发展路径的品牌,通过提供多样化的产品线并未达到预期效果,所以它们减少品牌、巩固它们的投资组合。对于我来说,我无须移除任何一个品牌,因为它们有各自的消费者基础,能够使之行之有效。

——乔治·阿玛尼

于阿玛尼而言,时装始终是其核心业务。阿玛尼以目标消费者的细分为基础积极增设时装品牌线,除了高端定位的主线品牌 Giorgio Armani 外,还有轻奢定价的 Emporio Armani 和年轻化的休闲品牌 Armani Exchange(A/X)这些副线品牌。副线品牌,即 Diffusion Line,也被称为 Bridge Line,是奢侈品品牌接近更广阔市场的大众化策略。在 20 世纪,时装品牌圣罗兰在 20 世纪 60 年代引进成衣系列左岸巴黎(Rive Gauche),珠宝品牌卡地亚则于 70 年代推出 Les Must De Cartier,这些副线品牌都助推品牌成功实现了增长与扩张。而通常对于奢侈品品牌来说,优势一线品牌向下延伸增设副线品牌,增加收入和品牌知名度的同时,往往伴随一定的风险。虽然较主线价格低的副线产品作为入门级奢侈品,能够为消费者提供补充性的品牌体验,然而一旦奢侈品定位因此发生偏差,极有可能流失高端客户。比如卡尔文·克莱在 1978 年正式推出牛仔时装系列后就开始从设计师品牌转向大众市场,而近年为了突破逐渐固化成牛仔裤品牌和内衣品牌的形象,在2016年任命比利时设计师拉夫·西蒙(Raf Simons)为其首席创意官,并推出高级成衣品牌 Calvin Klein 205W39NYC(即此前的 Calvin Klein Collection)。本希望借此在大众市场的定位之上进行定位的提升,但最终并未成功,令人失望的销售额最终导致了设计师的离职和该高端定位产品线的关闭,转而继续专注于其现有的大众牛仔时装系列和内衣。可见不对受众范围加以控制的延伸策略,会对品牌的发展路径产生不可小觑的影响。

而阿玛尼旗下的 Emporio Armani 和 Armani Exchange 的价格均低于主线,但在所属细分市场中价格保持相对高端,并且都在品牌共同精神的基础上进行理念的衍生,延续阿玛尼品牌独特的风格美学。这使得阿玛尼在提供高品质价值范围和主品牌持续创新,并展示由忠实消费者所评价的品质体验的同时,顺利实现围绕溢价品牌进行向下的品牌延伸。阿玛尼于2005年推出的高级时装品牌 Giorgio Armani Privé(目前已被整合至主线 Giorgio Armani)作为向上的品牌延伸,就成功发挥了拓宽消费者期待、提升品牌资产、增加消费体验的作用。该品牌在巩固阿玛尼的高端奢侈品地位的同时,有效地刺激了消费者的购买欲望并促使其购买阿玛尼旗下更多的入门级奢侈品。

回顾各大奢侈品品牌的副线品牌发展形势,其良好发展时期是在21世纪的头十年,在2010年后日渐式微,其市场位置发生了剧变,众多奢侈品品牌纷纷关闭或整合旗下副线品牌,以为消费者提供更为直观且一致的品牌体验。相似的设计却有着亲民价格的副线品牌得到快速成长,但会影响主线品牌,形成对品牌价值的稀释。比如意大利奢侈品品牌杜嘉班纳为维持象征品牌灵魂的主线,在副线品牌 D&G 年利润达 4 亿欧元的情况下依旧决定将产品线划归到主线中。此外,在品牌自身业绩增长未达预期的情况下,副线品牌设计、生产、运营又往往需要单独进行,可能为品牌带来更多的成本压力。博柏利的三大品牌——创立于 1904 年的高端线 Burberry Prorsum、中端定位以正装为主的 Burberry London 和仅有 5 年历史的低端线 Burberry Brit,也在 2016 年底前逐渐退出历史舞台,被整合至单一的主品牌博柏利当中。[①]

更重要的是,互联网尤其是社交媒体为消费者打开了全球性视野,轻奢品牌和设计师品牌为其提供了更多选择,复杂的副牌分类反而会模糊品牌的形象定位。日本设计师品牌川久保玲从一开始就避免副线,该品牌总裁阿德里安·约菲(Adrian Joffe)在采访中解释道:"我们从来不喜欢副线这种想法,因为它会稀释掉品牌的价值……当我们做川久保玲的副线,我们特意设置了更长的名称——Comme des Garçons,因为它不是一个副线,而是一个扩展:脱离实体,保持其精神。它背后的理念并不比主线川久保玲弱。"因此,对如今的副线来说,关键是要明确自己的独特标识,而

---

① 第一财经日报. Burberry 砍掉旗下三大副线品牌[EB/OL]. (2015-11-09)[2020-11-25]. https://www.yicai.com/news/4708921.html.

不是仅仅作为受商业驱动的品牌盈利工具。这样才能和主线品牌维持良好的平衡,达成有效的联动关系。比如成立于 1993 年的缪缪(MIU MIU)在被重新定位为普拉达的同线产品后,虽然针对较年轻的客户群体,但其价位也与其主线并无巨大差距,并始终保持区别于主线的创造性,呈现出优雅精致且率性趣味的实验风格。

奢侈品品牌副线

主线品牌	副线品牌	起止时间
莫斯奇诺 (Moschino)	Love Moschino (原名 Moshino Jeans)	1987 年至今
	Moschino Cheap & Chic	1989 年至今
唐娜·凯伦	DKNY (Donna Karan New York)	1988 年至今
雨果·博斯	BOSS	1970 年至今
	HUGO	20 世纪 70 年代至今
	Baldessarini Hugo Boss	20 世纪 70 年代至 2007 年
马克·雅可布	Marc by Marc Jacobs	2001—2005 年
亚历山大·麦昆	McQ	2006 年至今
普拉达	缪缪	1993 年至今
华伦天奴(Valentino)	Red Valentino	2004 年至今
蔻伊	See by Chloé	2000 年至今
范思哲	Versus	1989 年至今
杰尼亚	Z Zegna	20 世纪 90 年代末至今

3. 零售网络扩张

(1)传统零售空间

随着全球化趋势下奢侈品市场的扩张和富裕消费者在世界各地的涌现,给客户提供优质和个性化的店内购物体验成了全球奢侈品零售战略的必然。这不仅有助于区分各个奢侈品品牌的市场,还能够跨地域实现信息共享,帮助消费者全面了解该品牌,因此,零售也成为当下奢侈品行业价值链中最关键的要素之一。自20世纪90年代以来,奢侈品零售行业就开始采用包括直营店、经销批发和授权经营等在内的渠道来进行产品销售,并通过不断创新各种店铺形式来强化其零售方式。零售网络的扩张和品牌延伸中产品线的增加有着密切的联系——产品的开发种类和生产的数量往往取决于店铺数量,也正是在这双重因素影响下,消费者与奢侈品的距离大大缩短。著名奢侈品品牌采取金字塔模式的零售扩张计划:将旗舰店开设在巴黎、伦敦、纽约、东京、上海等繁华的一线国际都市,强化奢侈品格调;接着在波士顿、圣保罗、大阪、杭州等二线城市开设店铺,以拥有更广泛的消费群体,并对潜在新兴消费群体形成巨大的吸引力。可见,奢侈品品牌的角色已从生产独家产品的制造商转变为拥有卓越零售业的创造者。

·**旗舰店(Flagship Shop)**　成功的奢侈品零售策略遵循以"崇拜"为基础的逻辑思维,因此具有最佳执行力度的品牌直营店备受追捧,能够在合适的时间点推出最佳的产品设计,并充分表现高品质产品的感知价值及其品牌所蕴含的文化历史,从而增加产品价格中的无形价值。[①] 其中,由奢侈品企业垂直经营的旗舰店,被视作衡量其他门店的标准,也是品牌形象策略之一,其推广意义远大于销售意义,目的在于实现与目标消费群的沟通,展现品牌的国际化特征和生活方式,通过可见性最大化的产品传播品牌价值与理念。[②] 因此,旗舰店的选址位于享有盛誉的国际化都市,开设在知名的商业地段,包括法国巴黎的香榭丽舍大道、蒙田大道和芳登广场,美国纽约的麦迪逊大道(Madison Avenue)、第五大道和洛杉矶的罗迪欧大道(Rodeo Drive),英国伦敦的邦德大街(Bond Street)、摄政街(Regent Street),意大利米兰的蒙提拿破仑街(Via Montenapoleone),日本东京的表参道和银座,中国北京的王府井大街、上海的南京路和香港的铜锣湾。旗舰店规模宏大且装修奢华,销售面积通常为 200~5000 平方米,出售品牌旗下最为齐全的产品,其中也包括可以带来高额利润的高端定制及限量发售产品,甚至还设有咖啡店和休闲区域。以路易·威登为例,于 2015 年开业的北京旗舰店——路易·威登之家,除了提供成衣、皮具、鞋履、配饰、珠宝和腕表等传统门店在售的完整精品系列,还陈列有奥利弗·亚里耶松(Olafur Eliasson)、贝尔纳·弗里茨(Bernard Frize)等知名艺术家的作品,并将书店巧妙地融入零售空间,提供路易·

---

① 颂,布朗卡特. 奢侈品之路:顶级奢侈品品牌战略与管理[M]. 谢绮红,译. 北京:机械工业出版社,2016:295-297.

② 霍夫曼,科斯特-马尼埃雷. 奢侈品到底应该怎样做[M]. 钱峰,译. 北京:东方出版社,2014:106.

威登的限量出版物。同时,提供的高级皮具和精品文具的个性定制服务,让消费者享受全方位的奢华购物体验。

· **精品店(Boutique)** 能够唤醒消费者心中对奢侈品的渴望的零售空间还包括开设于高端百货和购物中心的品牌精品店。精品店打造能够呈现品牌内涵的奢华环境,在店铺地理位置和产品陈列空间上与品牌形象保持一致,并与广告和 T 台上所宣传的趋势同步。更重要的是,代表着品牌的销售人员能够同客户建立起良好的关系,增加奢侈品品牌的人文优势。高端百货是奢侈品重要的零售渠道,可分为设立专门针对某一类别或某一品类产品的专柜和买手制的多品牌集合店两种形式。其中,采用多品牌集合店模式的知名百货有法国巴黎春天百货、老佛爷百货,美国巴尼斯百货(Barneys)、波道夫·古德曼百货(Bergdorf Goodman)和内曼·马库斯百货(Neiman Marcus),以及中国香港的连卡佛百货(Lane Crawford)。百货店人流量大,设施豪华,能够提供足够大的空间供奢侈品品牌进行产品陈列及展示,有利于在进入新市场时提高品牌的知名度,以优越的地理位置和齐全完备的品类吸引消费者,并且通过购物折扣、特别优惠、会员制度等促销计划,与客户建立关系。而购物中心则是向消费者提供综合性服务的商业集合体,多种零售店、服务设施集中在由企业开发、管理、运营的一个建筑物或某个区域内,尤其是位于市中心和富人居住区的高端购物中心,往往汇集了众多知名奢侈品品牌的精品店,比如美国比弗利山庄购物中心、上海恒隆广场购物中心。①

(2)新兴零售渠道

如果说这些位于最为繁华的知名商业街区的奢侈品旗舰店和精品店在营造奢华梦境的同时,依旧使绝大部分普通消费者望而却步,为之设置了进店消费的障碍,那么真正向大众开放的则是奥特莱斯、免税店和线上商店。根据贝恩公司 2018 年的 5 个关于奢侈品产业趋势观察显示,免税店和奥特莱斯预计将实现继续增长,而包括品牌官方网站和电子商务平台在内的线上商店则将是成长最快的销售渠道。②

- **奥特莱斯(Outlets)** 奥特莱斯作为奢侈品的零售终端之一,在经济低迷的时候尤为受欢迎。奥特莱斯形成的原因之一是奢侈品品牌的扩张在带来销售额和利润的增长的同时,也产生了货品的囤积问题。但在连锁折扣店出售存在自降身价的风险,而像博柏利采取烧掉过季库存的做法也遭遇来自社会各界强烈的道德谴责。奥特莱斯尽管在一定程度上处于将奢侈品置于其本身的对立面,但其通过不亚于精品店的精心装潢和服务,以最为合理的方式解决了过季库存问题。

奥特莱斯始于 19 世纪末的美国,最初是一些公司在厂区开的

---

① 朱桦,黄宇.经典与时尚:当代国际奢侈品产业探析[M].上海:上海人民出版社,2012:141-143.

② Yiling Pan.贝恩 2018 报告:5 个关于奢侈品产业趋势观察.[EB/OL].(2018-11-20)[2020-12-01]. http://www.linkshop.com.cn/web/archives/2018/414143.shtml.

方便员工购物的小店，售卖打折的尾货。接着，20 世纪 70 年代，名利场（Vanity）服装公司在美国宾夕法尼亚雷丁（Reading）县的老波克夏（Berkshire）针织厂里开设了第一家工厂奥特莱斯中心，这种销售方式大受欢迎，显示出巨大的增长潜力。在开发商的助推下，奥特莱斯开始成为零售产业中的一种商业模式，逐渐发展成集多个品牌于一身的名牌折扣商场，并从厂区迁移至位于远离市中心的偏远郊区。奢侈品品牌奥特莱斯也提供一定的优惠折扣力度，但为了在维持顾客忠诚度的同时发展新客户，品牌通常将其与直营店进行区分，比如不提供售后增值服务，消费者须自行支付产品更换或修理方面服务的费用。

最早涉足奥特莱斯的奢侈品品牌主要来自美国，比如拉夫·劳伦、唐娜·凯伦和奥斯卡·德·拉·伦塔（Oscar de la Renta），借此处理其每季的剩余产品。随后，欧洲的奢侈品品牌也相继入驻。[①] 比如开业于 1985 年位于美国纽约的伍德伯里奥特莱斯购物中心（Woodbury Common Premium Outlets），如今已发展成一个迷你城市的规模，除了零售空间外，还设立了酒店、水疗中心和餐厅，甚至还拥有停机坪。在这里，你可以找到迪奥男装部门前任创意总监克里斯·万艾思（Kris Van Assche）时期的黑色西装，艾迪·斯理曼（Hedi Slimane）为圣罗兰设计的黑色天鹅绒外套，甚至还有克莱尔·怀特·凯勒（Clare Waight Keller）推出的纪梵希

---

　　① 托马斯. 奢侈的！［M］. 李孟苏，崔薇，译. 重庆：重庆大学出版社，2011：312-313.

当季男装系列中"Perverse Posh Look"的单品。① 20 世纪 90 年代,欧洲的奥特莱斯商场也得以形成,并且以普罗大众和年轻人为新目标。比如成立于 1995 年的比斯特购物村(Bicester Village),位于英国伦敦的郊区,拥有迪奥、芬迪、圣罗兰的名品折扣店,是当今最为成功的奥特莱斯之一。中国中产阶级群体的迅速壮大及其对奢侈品巨大的潜在需求,使之成为这些奥特莱斯最频繁的顾客,也推动中国国内奥特莱斯自 2002 年进入后迅速崛起。这类购物中心主要分布在发达的沿海一、二线城市,比如位于京津地区的佛罗伦萨小镇和上海的青浦奥莱。

· **免税店(Duty Free Shop)** 随着国际旅游业的繁荣,旅游零售消费群体不断扩大,尤其是中国游客的大幅增长,使得旅游零售中的免税店成为奢侈品行业稳定增长的一部分重要市场。以伦敦希斯罗机场(Heathrow Airport)为例,中国旅客只占机场总旅客数量的 0.7%,但是他们在奢侈品上的消费额却遥遥领先,占比25%。② 免税店为购物者提供了跨国境购买和运输商品的机会而无须支付税费,因此在世界各地的机场、港口和火车站等中转传输区均有开设,在飞机和游轮上也可进行免税消费。拥有免税店的知名国际机场有亚洲的仁川国际机场、香港国际机场、新加坡樟宜

---

① Trebay G. Woodbury Common:Bargain Hunting in the Fashion Afterlife[EB/OL].(2019-10-03)[2020-12-01]. https://www.nytimes.com/2019/10/01/style/woodbury-common-shopping.html.

② 张艳岩.机场免税店:奢侈品购物的"新"战场[EB/OL].(2014-04-02)[2020-12-01]. http://bschool.sohu.com/20140402/n397618553.shtml.

机场,欧洲的冰岛凯夫拉维克国际机场(Keflavik International Airport)、法国巴黎戴高乐机场(Paris Charles de Gaulle Airport),以及中东的迪拜国际机场(Dubai International Airport)。

第一家免税商店始于 1946 年爱尔兰的香农机场(Shannon Airport)。二战后急剧增长的国际旅行可以带来可观的收入,而时任香农机场餐饮审计长的布伦丹·奥雷根(Brendan O'Regan)恰好注意到人们在机场中途停留时喜欢购物,因此他想到通过提供完全免税的商品来激励机场乘客购物,并说服爱尔兰政府通过了这项法律:香农机场区域不属于爱尔兰范围,在此处购物可以避免对商品和服务的征税,自此开创了免税时代。随后由查克·菲尼(Chuck Feeney)和罗伯特·米勒(Robert Miller)创立的美国免税公司 DFS(Duty Free Shoppers)在 1960 年进入中国香港,并于 1962 年在夏威夷檀香山机场开设免税商店,以日本的消费者为目标。此时正值日本战后经济腾飞时期,其庞大的中产阶级群体对昂贵服饰品的狂热对奢侈品行业产生了重大影响。因此,以日本为起点,各大奢侈品品牌开始了全球扩张的进程,相继进入纽约、巴黎、伦敦、罗马、米兰和香港市场。而改变免税商品既定的交易模式,则是自 LVMH 1996 年收购 DFS 大部分股权后。LVMH 将原先位于机场、港口、航班、客轮等保证货物不会进入当地商业市场的免税商店,开设在了旅游城市中,即市内免税店,游客持有离境证明即可办理退税。与机场位置相比,室内免税店提供了更好的灵活性、更优质的服务和更多的产品。比如 2018 年,位于澳洲悉尼中央商务区(Sydney Central Business District)的 DFS 免税店 T Galleria 落成,其作为悉尼唯一的市区免税店,是和 2001年开设于夏威夷的首家 DFS 市内免税店如出一辙的免税品天堂。店铺面积超过 6500 平方米,出售葡萄酒和烈酒、美容和香水、珠宝和腕表、时装和配饰,以及食物和礼品,汇聚了各大顶级奢侈品品牌的专柜,还出售独家产品,比如 Michael Kors × DFS 系列和Tiffany&Co. 的 Keys 系列。① DFS 集团的免税商店网络目前已覆盖 11 个主要国际机场、20 个位于市中心的 T Galleria 和度假村等地。

　　· 在线商店(Online-Store)　　面对现代世界的数字化与线上销售的日渐普及,很长一段时间内主流奢侈品行业对此是持拒绝态度的。因为线上销售被视为低廉无门槛和便宜货的代名词,其具有的优点,比如即时性、更新度、便捷性、可接触性、价格的优惠、服务的自动化等,反而对奢侈品不利;采用线上销售的方式会贬低奢侈品在消费者心中的形象,因为线上平台不像专卖店这样的实体零售空间可以诠释奢侈品的高雅和专营理念。但如今的奢侈品消费者,尤其是年轻的消费者更加熟悉互联网,手机、平板电脑已成为其日常生活的一部分,因此奢侈品品牌要想不被市场淘汰,也

---

　　① LATTE EVENTS. Sydney Shines with The Gala Launch of the New T Galleria by DFS[EB/OL]. (2018-04-19)[2020-12-02]. https://latteluxurynews.com/2018/04/18/sydney-shines-with-the-gala-launch-of-the-new-t-galleria-by-dfs-sydney/.

需要开启数字化变革,将线上销售列入考虑范围,实现线上线下双渠道的平衡,以顺应零售现状,并开拓更广阔的市场空间。和线下的旗舰店、精品店等目标相同,在线销售也致力于给富裕的客户提供独特难忘的购物体验,用其专属感吸引消费者进行购买。由于互联网可以追踪消费者如何进入网站,因而能够帮助品牌更好地理解消费者的行为和期望,并灵活使用各种策略,不断创新奢侈品的在线销售形式,比如使用自定义的个性化服务来改善整体用户体验,从而使品牌获得显著效益。但在线上,消费者往往能够自由地进行搜索与对比,价格被广泛地展示,精品店也不再构成消费障碍,因此,奢侈品不再只与价格关联,奢侈品需要紧密地与品牌的特殊品质、在线客户服务、产品保修、后续订单、退换货设施、快捷安全的运输、产品个性化服务或谨慎的交付选项等联系在一起,通过这一系列的增值服务实现奢侈品价格的正当化。①

奢侈品线上销售渠道分类

类型	特点	代表性网站
单品牌网站 (monobrand sites)	主要指品牌官网	gucci.com
百货商店 (department stores)	由百货商店自建、提供线上购物的官网	niemanmarcus.com

　　① 霍夫曼,科斯特-马尼埃雷. 奢侈品到底应该怎样做[M]. 钱峰,译. 北京:东方出版社,2014:134-135.

续表

类型	特点	代表性网站
集合电商 （multibrand e-tailers）	综合性强，除时尚产品外还有许多其他品类	Amazon、天猫
	专注时尚且自主管理库存	Net-a-Porter
闪购折扣网 （flash-sale sites）	以清货目的为主的奢侈品平台	魅力惠、唯品会
平台类电商 （marketplaces）	帮品牌在线上开店、轻库存模式的时尚电商	Farfetch
技术类电商 （techplaces）	不卖货也不买货，以新的商业模式对接品牌和消费者	Rent the Runway、Stich Six

资料来源：新浪时尚.80％奢侈品销售都受到了数字化影响[EB/OL].（2018-03-19）[2020-12-03]. http://fashion. sina. com. cn/s/in/2018-03-19/1052/doc-ifyskeuc0311460. shtml.

品牌官网作为许多奢侈品品牌的线上销售渠道之一，能够提供当季产品的最新信息和线下零售空间的位置，并使用精心拍摄的视频和优质图片等来保有品牌的专享奢侈形象，以实现在赢得中间市场过程中不伤害品牌美誉[1]，有效避免了在线分销原有的弊端。LVMH 集团始终积极地将在线销售纳入奢侈品零售领域，比如迪奥就积极利用电子商务增加网络曝光。而此前 LVMH 集团旗下始终对电商和数字化策略抱以观望甚至排斥心态的思琳也于 2017 年在其官网 celine.com 推出了在线销售，率先从服装、鞋

---

① 颂，布朗卡特. 奢侈品之路：顶级奢侈品品牌战略与管理[M]. 谢绮红，译. 北京：机械工业出版社，2016：317-321.

履和皮具开始,同时为顾客提供到店自提、门店退货等服务,网站的风格也始终与品牌形象保持一致。在艾迪·斯理曼接替菲比·菲洛成为新任创意总监后,思琳的网站以经典的黑、白两色呈现崭新样貌,并展示最新的手袋、成衣系列和配饰等商品。奢侈品品牌为提高线上业务比重,在维护官方网站的同时,还于电商平台开设了官方旗舰店。比如为融入中国本土电商市场,香奈儿、纪梵希、圣罗兰、阿玛尼、汤姆·福特、博柏利等品牌,均在天猫推出了香水、彩妆和护肤产品。

其中奢侈品品牌中低价产品的线上销售占比较高。按品类看,奢侈品品牌美妆贡献了最多的奢侈品行业线上销售额,其次是成衣、配饰和珠宝腕表,可见很大一部分消费者更偏向"轻奢"或高端品牌的低价商品。但无论产品价格高低,奢侈品行业线上销售额持续攀升是不可忽略的事实,线上渠道扩张成为一个极好的机会。贝恩公司数据显示,到 2025 年,个人奢侈品购物所占整体网购的比例将上升至 20%。因此,全球各大奢侈品巨头也开始下场布局电商渠道并追加投资。比如 LVMH 集团于 2017 年推出了奢侈品电商网站 24Sèvres,在全球 70 多个国家销售 150 多个品牌,涵盖女装、配饰和美容等品类,其中有 20 个是集团旗下核心品牌,并在 2018 年控股英国时尚购物搜索平台 Lyst,进一步加快其在奢侈品电商领域的布局。[①] 瑞士历峰集团也通过收购全球最大

---

① 宋凡夫.法国奢侈品巨头 LVMH 投资英国时尚购物搜索平台 Lyst,未来有可能全面控股[EB/OL].(2018-05-25)[2020-12-05].https://luxe.co/post/82487.

线上奢侈品电商 Yoox Net-a-Porter 以获得更多线上市场份额,提高集团品牌在线上渠道的存在感和关注度。Yoox Net-a-Porter 由英国奢侈品电商 Net-a-Porter 与意大利时尚奢侈品电商 Yoox 在 2015 年合并形成,目前在美国、欧洲、中东、日本、中国都设有办事处,业务覆盖全球超过 180 个国家。其三大业务线包括以 Net-a-Porter 和 MrPorter 网站为首的当季商品销售平台,以 Yoox、the Outnet 为首的过季折扣商品销售平台,以及代运营的奢侈品品牌官网旗舰店。[①]　其中,Net-a-Porter 由纳塔莉·玛森奈特(Natalie Massenet)创立于 2000 年,最初在线出售高级女装,通过提供丰富的奢侈品品牌产品资讯、迅速的物流和优质的服务,在依靠推荐建立口碑的同时,吸引了富有顾客和中间市场消费者。

　　Yoox Net-a-Porter 的强劲竞争对手之一是来自英国的奢侈品时尚技术平台 Farfetch。该平台由何塞·内维斯(José Neves)创办于 2007 年,在 2008 年正式上线。Farfetch 最初的定位是全球性奢侈品和精品时尚购物网站,其用户来自 190 个国家,所销售的产品涵盖 50 多个国家的 1000 多家引领潮流的顶级品牌、奢侈品买手店和综合性零售商店。其作为聚合型的平台提供极为丰富的奢侈品和卓越的服务,通过"未来商店"、Farfetch Black & White 解决方案、Browns 及 Stadium Goods 等主要的业务板块为

---

① 江帆. 瑞士历峰集团将 100％控股奢侈品电商 Yoox Net-a-Porter,报价 27.7 亿欧元收购其剩余 51％股权[EB/OL]. (2018-01-22)[2020-12-05]. https://luxe. co/ post/75598.

全球奢侈品行业提供服务。① 成立于 2008 年的寺库(Secoo),则是中国目前最大的多品牌奢侈品 B2C 网站,除了销售博柏利、爱马仕、劳力士、浪琴、宝格丽等品牌的个人奢侈品品类,还推出了宾利和保时捷等品牌汽车以及游艇和私人喷气式飞机的网络销售,并采用全渠道的策略进军电子商务领域:线上运营网站和移动应用程序,线下在香港、米兰和东京等建立精品店。

二、多重因素影响下的奢侈品大众化趋势

纵观奢侈品行业的百年发展历程,其大众化趋势是工业化进程和全球化浪潮的产物,并且伴随着日趋激烈的市场竞争,不可避免地走向了品牌化——奢侈品必须依靠品牌这个载体进行传播,而品牌效应也逐渐成为奢侈品高附加值的来源。《福布斯》基于控制销售渠道的能力、品牌对购物选择的影响力、市场营销效率、媒体曝光率这 4 种不同标准的评分,来决定奢侈品品牌的排名。因此,通过限时限量发售、强调原产地品牌文化、宣传艺术品味与高端生活理念等一系列措施,将其打造成消费者狂热追捧的奢侈品品牌成为行业一致的目标。更重要的是,作为原本阶级社会特权阶级产物的奢侈品,并没有随着历史性的社会分层在民主化进程

---

① 蒋晶津. 京东旗下奢侈品电商 Toplife 与英国奢侈品电商 Farfetch 中国公司合并,京东 APP 一级入口向其开放[EB/OL]. (2019-02-28)[2020-12-10]. https://luxe.co/post/96889.

中逐渐消失,反而获得了创造力和驱动力,成为民主的催生者。这也就是说,当消费行为成为个人财富和地位差异的重要体现方式时,品牌的含义开始超越奢侈品本身的意义,消费奢侈品品牌成为社会地位的象征和彰显方式,模糊了原有的社会分层,赋予了消费者在极具流动性的民主社会中新的层次,创造出一种符号化的大众奢侈文化。在社会转型与观念变化共同作用下,消费群体从原本的欧洲传统上流社会,转移至新兴的高净值收入群体,甚至是一般消费大众;全球性市场则成为奢侈品品牌的战略布局,从作为奢侈品发源地的欧洲,逐渐转移至二战后的美国市场,再到20世纪70年代后的日本市场,当下的中国、印度、俄罗斯等国家则成为主要的新兴市场。

1. 消费群体的转移

我不是哲学家,但依我看,女人——还有男人,似乎都本能地想要炫耀自己。在这个强调规则、强调整齐划一的工业时代,时尚是人类保持个性和独一无二最后的庇护所。我们应该欢迎那些即使是最出格的创新,因为它们能保护我们免受粗制滥造、单调乏味之害。当然,时尚的确稍纵即逝,而且自恋骄纵,但在我们这阴郁的年代,奢侈品一定要小心又小心地捍卫。

——克里斯汀·迪奥

(1)中间消费阶层及其奢侈品消费心理

奢侈品或奢侈服务的消费模式和习惯的形成,始终和声望、特殊地位的问题相关联,个体化、情感化、大众化则是当代奢侈文化发展历程中不可忽视的重要轨迹。经济因素主导下的社会自由化带来奢侈品行业的新气象,不仅是因为供应方领域发生了明显的转变,还因为那些根植于需求方领域、愿望与动机、个体与社会标准及其他标准、个体与消费同稀有财产等关系的变化。然而,奢侈品消费的传统社会功能并没有消失,而是遵循着凡勃伦效应(即商品价格定得越高越能畅销)继续发挥作用。①

西方工业化国家打破了原先的社会结构,经济的繁荣促使中产阶级的崛起和高净值人群的增长,他们在财富上具有巨大的上升空间,购买力也异常强大。赖特·米尔斯(Wright Mills)将二战前后在西方国家勃然兴起的中产阶级区别于马克思定义下的旧中产阶级,即占有一定生产资料的小企业家、小业主、商人和农场主等,他提出的"新中产阶级"主要指包括现代企业中的管理人员、社会机构中的专业人员和商业销售人员等在内的白领②。中产阶级收入成倍的增长促使追求社会地位的提升成为主流思潮,其所信奉的现代性、审美性、生活品味等理念也呈现出物质化和虚荣化的特点。而反映在消费领域,则突出表现为消费的最高形式——购买奢侈品。20世纪80年代以来,西方的新富阶层毫不遮掩地显示出对奢侈品和社会地位象征物的追求,这种对奢侈品的欲望

---

① 利波维茨基,胡.永恒的奢侈:从圣物岁月到品牌时代[M].谢强,译.北京:中国人民大学出版社,2007:44-45.

② 周小仪.中产阶级审美幻象与全球化阶级冲突[J].外国文学,2016(2):101-116.

加速了民主化奢侈品走向大众,是奢侈品行业在 80 年代迎来重大转变的序曲:在突破只服务于传统上流社会的局限后,中产阶级消费群体带来了新的增长点。

拥有高度创造力和传承性的奢侈品,其高昂的价格往往基于非凡品质,同时被赋予美学价值和享乐主义元素,具有排他性、独特性和高度象征性等特点,迎合了现代社会逐渐兴起的个人主义和享乐主义价值观。工业时代里,流水线批量生产的产品大为普及,满足了大多数人的基本需求,却也使社会呈现出高度同质化的面貌。萨义德在《东方学》中提出的有关"自我身份"构建理论同样适用于消费领域:"自我身份"的构建牵涉与自己相反的"他者身份"的构建,而且总是牵涉对与"我们"不同的特质的不断阐释和再阐释。也就是说,当身份地位在比较中产生时,奢侈品自然被看作进行阶层区分或表现群体差别的重要符号,于是限量昂贵的"手工制作"的奢侈品反而得到了推崇,被用以帮助塑造与众不同的个体形象,同时也是秉持享乐主义理念的中产阶级进行自我奖励的形式和自我补偿的手段。

凡勃伦将消费描述为人们在流动的社会中建立社会地位的方式,应运而生的奢侈品品牌则发展成潜在表明社会地位的标志,购买附有明显且易于识别标志的奢侈品成为消费者用以炫耀行头和标榜社会标签的最佳方式。在美国,新富阶级以展示自己的财富为荣,他们所拥有的奢侈品就是体现他们个人价值和成功的最有力的声明。另一个角度的解释可以与人类学家 E. 阿诺德(1999)

所提出来的观点相联系。他认为人们的拥有物具有内在的、可以达到某种目的的能力,把所有者和持有者联系起来,新兴社会阶层可以凭借所拥有的奢侈品成为确认其阶层或是想被认为处于所在阶层的标准。所以,消费可以被理解为自我的延伸,中产阶级乃至社会各阶层将此作为寻求身份认同的途径。当奢侈成为共识,那么消费者也就实现了自我的提升,从而迈入了另一新的、更高一级的社会阶层。

随着奢侈普及化的经济、社会和文化条件的形成,曾经在 20世纪 80 年代至 90 年代陷入奢侈品消费狂热阶段的欧美消费者,在进入 21 世纪后逐渐形成了有选择性的抑制消费观,加之比以往更了解行情,对奢侈品更加严格,要求品牌的核心与其所有的外延应当保持一致。因此,当奢侈品浪潮卷土重来,他们的关注重点在于品牌的价值和情感联结而非标志,价格于他们而言也不再是首要条件,但敏感度上升,在认可品牌道德、审美和谐与真实的基础上,综合创造性、想象空间和分享程度等各方面来判断品牌高溢价的合理性,同时,对品牌的期待也转移到服务质量上来。奢侈品成为表达他们自己的审美和情感的载体,形成了一种有关体验和内心感受的新奢侈。消费者态度的转变让奢侈品品牌的经营变得异常复杂和充满挑战,企业需要不断创造和刺激消费者的需求并始终维持与顾客之间的情感关系。[①] 但炫耀性消费者依然存在,这

---

① 利波维茨基,胡.永恒的奢侈:从圣物岁月到品牌时代[M].谢强,译.北京:中国人民大学出版社,2007:120-125.

一群体如今正被来自新经济体的新兴富有阶层创造出来,他们通过购买这些价值被所有人认可的奢侈品,尤其是来自欧美的奢侈品,试图拉开同下层人民的距离,形成社会分化,并借此融入全球化进程,获得一种理想生活。

(2)年轻消费群体正重新定义奢侈品

在阶级消费的界限变得模糊不清的同时,购买奢侈品的年轻消费群体相应扩大,并且愈加成为推动奢侈品市场增长的主要引擎。《时装商业评论》(*The Business of Fashion*)报道,Y世代(即千禧一代)和Z世代在奢侈品消费上所做出的贡献到2025年将占奢侈品市场的45%。更为年轻的Z世代虽然占真正奢侈品市场的份额不大,但其塑造奢侈品市场变化的发展速度和深度的潜力无法被低估。

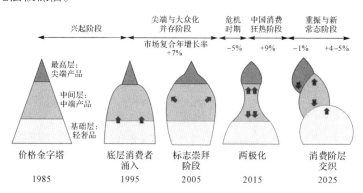

1985—2025年奢侈品消费者金字塔模型演变

资料来源:贝恩公司.2017年全球奢侈品行业研究报告[EB/OL].(2017-10-25)[2020-12-11]. https://posts. careerengine. us/p/5c5a98ee13d8d6552b3ba9cd.

　　奢侈品作为社交资本，能够帮助提升年轻消费群体的身份和话语权。他们的选择反映出他们的生活方式和自我个性，体现在消费观念上就是注重品牌价值观和视野表达方式的独特性。他们对新事物持开放态度，偏爱创意融合与入门产品的奢侈化，因此对限量限时发售的合作款中的手袋和运动鞋需求较高，尤其是高端潮牌和奢侈品品牌的联名产品。他们容易进行冲动消费，所以对品牌忠诚度来自品牌的真实性。他们希望通过交互式的个性化消费体验与自我产生联系，而非仅仅是产品本身。最重要的是，这一群体成长于互联网时代，他们很早就接触了互联网，能够熟练地使用应用程序和社交媒体，借此丰富知识、开阔眼界以及与同龄人互动，并形成了在线购物的习惯；但这并不意味着线下商店对其失去吸引力，精心构建表达某种观点的消费场景也是获得年轻消费群体青睐的重要方式之一。和产品相关的所有信息是他们做出最佳决策的考虑因素，包括网红推荐、大众评价反馈、社交媒体热度等，说明他们的消费行为容易受到社交媒体的影响。另外，这一年轻群体更加关注行业道德和可持续性等相关问题，其消费行为带有强烈的社会意识。GreenMatch 的一项调查结果显示，年轻群体中愿意在可持续产品上进行消费的人数比例接近四分之三，因此企业在解决劳工权益和环境问题等方面的表现将会影响他们对品牌的认可度。[①]

　　不论是路易·威登与 Supreme 合作推出限量系列,随后又宣布维吉尔·阿布洛担任其男装设计总监,还是爱马仕为拉近与年轻消费者的距离先后推出线上官方旗舰店和爱马仕美妆线,又或是普拉达承诺到 2021 年其所有尼龙材质产品都将由 100% 的再生材料制造,都彰显了传统高端奢侈品品牌以期实现年轻变革的决心。奢侈品品牌当下的第一要务就是在深刻理解这一消费群体的基础上创造品牌新的魅力点,因此是否能够通过合理互动、平等对话和营造良好体验实现有效的引导式消费,在很大程度上决定了品牌下一个十年的生死存亡。[②]

　　(3)"他经济"在奢侈品消费上的赶超

　　围绕女性产生的"她经济"(womenomics)得益于女性经济收入和购买力的提高,这意味着女性在获得稳定的社会地位和拥有可观的可支配收入后,为满足自身发展的需求做更多投入的同时引发了一系列消费趋势。大量并长期投资有利于形象塑造的产品,比如化妆品、珠宝首饰、时装配饰、健身训练和旅行等,已成为一种惯例,在奢侈品上的消费更是成为城市女性的惯常行为,大力

---

　　①　Bargeron S. Generation Z is Shaping a New Luxury[EB/OL]. (2019-07-08) [2020-12-11]. https://www. ordre. com/en/news/how-generation-z-is-shaping-a-new-luxury-1258.

　　②　麦肯锡中国区服装、时尚与奢侈品咨询团队. 中国奢侈品报告 2019[EB/OL]. [2020-12-15]. https://www. mckinsey. com. cn/wp-content/uploads/2019/04/McKinsey-China-Luxury-Report-2019-Chinese. pdf.

驱动了全球奢侈品市场。[①] 而随着男性群体消费观念的不断转变及其对于自身价值和能力进行重新定义,产生了新的消费需求,催生了与"她经济"相对应的"他经济",并将逐渐打破女性作为消费主力的垄断时代,形成彼此消费力不相上下的局面。欧睿国际(Euromonitor)最新报告显示,在接下来的5年内,男性奢侈品消费的增速将超过女性奢侈品的增速,男性消费市场无疑是奢侈品品牌获取业务新增长点的关键。

世界奢侈品协会发布的《奢侈行为心理趋向报告》中曾对男女的消费特点进行分析,发现女性倾向于获得感官享受、情感体验等感性需求的满足,而男性更重视奢侈品所带来的品质满足和身份表达,且对品牌忠诚度更高。[②] 在大多数人的观念中,个人奢侈品领域的高级腕表往往才能彰显男性消费者品位,其余品类则多为女性消费者的天下。然而,随着精致审美时代的到来,越来越多的男性开始遵循内心的需求和渴望进行消费,男性奢侈品市场也相应发生转变。国际市场调研公司益普索(Ipsos)发布的《全球富裕人口调研》("Global Affluent Study")报告显示,在千禧一代男性消费者的推动下,男性消费者购买奢侈品的频率已经超过了女性,他们对奢侈品的喜爱与使用自豪感也更高。因此,多个奢侈品品

---

① Brown K. Womenomics: The Female Economy Powering Global Luxury Spending[EB/OL]. (2019-08-05)[2020-12-16]. https://www. thedrum. com/opinion/ 2019/08/15/womenomics-the-female-economy-powering-global-luxury-spending.

② 新浪时尚. 奢侈品市场正在迈入"他时代"[EB/OL]. (2017-04-01)[2020-12- 16]. http://fashion. sina. com. cn/s/in/2017-04-01/1557/doc-iavxeafr5350954. shtml.

牌均开始拓宽男装产品线,比如思琳在 2019 年发布独立男装系列并将其作为未来发展的重点业务,意大利奢侈品集团杰尼亚则收购了更为年轻化的美国设计师男装品牌汤姆·布朗;也有品牌增设男装零售点,加大私人定制服务的力度,比如 2018 年路易·威登在北京 SKP 开设男装快闪店,展览并售卖 2018 春夏男装系列,爱马仕则在美国纽约开设了全球首家男性服装旗舰店,专门针对男性的品味和服饰特点,提供定制服务。汇丰银行更是预测未来无论是美妆护肤产品、户外运动装备还是时尚服装配饰,都会形成更多来自男性消费者的增长点,并提出 YUMMY(Young Urban Male)这一概念来形容年轻都市男性:成长于物质相对丰富且社会逐渐开放的年代,注重潮流与个性。那些被认为属于女性的特权,如护肤美妆同样也可以成为男性提高存在感和幸福指数的生活方式。路易·威登针对男性市场推出了首款男士香水系列,香奈儿更是首次推出男士彩妆产品线 Boy de Chanel。这一现象出现的重要原因之一就是社会意识的不断进步,伴随着媒体的舆论导向和一系列女权运动的展开,现在的年轻人更能接受多元的审美。[①]

2. 消费市场重心的转移

21 世纪的奢侈品市场经历近 20 年的演变,正随着物流网络

---

① 道爷. 从 Dior 到 Celine,奢侈品男装市场开始发力了?[EB/OL]. (2018-12-04)[2021-01-01]. https://www.sohu.com/a/279603050_808349.

和零售渠道的不断扩张,将其重心转移至前景广阔的欧美以外的新兴经济体市场。欧美地区作为奢侈品的发源地,拥有丰富的产品类型和相对较低的价格,但由于消费者成熟且理性的消费观念,奢侈品市场日渐趋于饱和,加之政治与经济等因素的影响,本土消费领域的增速放缓。而反观欧美国家以外的奢侈品市场,正在扭转整体市场局势,从 2010 年至 2018 年,其规模占比增长了 9%。奢侈品集团和家族企业早已敏锐地洞察到奢侈品的发展将不再仅仅由成熟的市场提供动力源,而是依靠越来越多的新兴市场为奢侈品行业提供发展的动力,使得奢侈品市场呈现出明显的东移趋势。从日本东京到中国上海无一不是奢侈品的淘金地,以中国市场为主的亚洲更是有望占据一半以上的全球个人奢侈品市场。

(1)日本

日本如今是继欧洲和美国之后又一成熟、庞大的奢侈品市场。报告发现,在全球地缘政治不确定性增加和经济衰退担忧加剧的环境下,奢侈品行业依然保持增长。2019 年全球奢侈品市场整体销售额(包含奢侈品及奢侈体验)增长 4%(按恒定汇率计算),达 1.3 万亿欧元。其中,作为核心部分的个人奢侈品市场也增长 4%(按恒定汇率计算),达 2810 亿欧元。

日本也是其中之一,自 2015 年开始,日本经济恢复发展,尽管 GDP 增速放缓,但已经培育了大批奢侈品消费者的日本,对奢侈品品牌始终具有独特的吸引力,依旧被看作是奢侈品重要的战略市场。近年来,日本更是陆续落成多家高端商场,比如东京银座街区最大的购物中心 Ginza Six,由法国奢侈品巨头 LVMH 集团出资建设,于 2017 年开幕,汇集了多达 241 个奢侈品品牌的精品店,其中 121 家是大型品牌的旗舰店。为实现每年 2000 万客流量的目标,Ginza Six 推出了一系列的重大开幕庆祝活动。其中就包括迪奥举办的高级定制发布会,整个系列迪奥的灵感均来自日本,足以显示日本市场在这些奢侈品品牌的发展战略中依然具有举足轻重的地位。①

日本的奢侈品市场始于 20 世纪 80 年代。日本在 1980—2005 年成长为一个奢侈品消费王国,是奢侈品发展史上浓墨重彩的一笔。二战后至 20 世纪 70 年代,工业化推动日本经济进入高速发展期,为日本创造了丰富的物质基础。经济的腾飞使新兴的中产阶级应运而生,并在 70 年代末形成了一批最早把视线投向价格昂贵的西方品牌的奢侈品消费者。20 世纪 80 年代至 90 年代,正值日本经济到达巅峰与泡沫破灭的前期,社会消费持续升级的显著特征就是对奢侈品的狂热追求。就连在 90 年代风靡全球的日本动漫《美少女战士》中,角色穿戴的服饰都明显带有奢侈品品牌的特点,比如以克里斯汀·迪奥、香奈儿、圣罗兰等品牌的高级定制为原型的礼服。并且,即使在日本因泡沫经济破灭而陷入的长达 10 年的经济衰退时期,日本消费者对奢侈品的欲望也没有随之降低。这批在 1990 年数量近 1 亿人口的庞大中产阶级人群,成

---

① 贝恩. 中国奢侈品市场延续强势增长,Z 世代将成为未来消费主力军[EB/OL]. (2020-01-08)[2020-11-15]. https://www.bain.cn/news_info.php? id=1013.

长于二战后日本崛起的年代,追寻自我的个性化、多样化、品牌化的消费意识与习惯已经养成。其中,"单身寄生虫"(parasite single)群体更是成为不容小觑的奢侈品消费者。她们往往是年龄在 25—34 岁的未婚女性,拥有良好的教育背景,有一份收入可观的工作,因和父母住在一起而在生活上的花费很低,这就使得她们可以把充裕的可支配收入投入购物,她们最偏爱的就是带有明显品牌商标的奢侈品手袋。这些造就了日本奢侈品市场的空前繁荣,有数据显示,1995 年日本奢侈品市场规模达 978 亿美元,占据全球 68% 的市场份额,市场消费人群达 4900 万人,人均消费 1996 美元,为全球最高。①

随着 1978 年第一家专卖店在东京银座的开业,路易·威登成为这一阶段率先打开日本市场并成功实现扩张的奢侈品品牌,当时 20 多岁的日本女性中有一半拥有路易·威登的包。时任毕马威国际会计师事务所的幡田次郎(Kyojiro Hata)首先打破了日本中间商创造的平行市场。他采取的措施包括不通过批发商,而是由位于巴黎的路易·威登总部直接给日本的零售商发货;规定日本分部必须全力维护路易·威登的品牌形象;制定了浮动价格体系,随汇率变化调整商品价格,保证日本的路易·威登商品价格不高于巴黎的 1.4 倍。这些措施使日本路易·威登专卖店在两年内实现了高达 1100 万美元的营业额。与此同时,强势的日元在海外

---

① 天风商社.日本失去的 20 年,消费结构如何变化?〔EB/OL〕.(2017-04-12)〔2021-01-04〕.https://xueqiu.com/5780378715/83898218.

可以买到更多奢侈品,因此日本的奢侈品消费群体中开始兴起出国旅游购物热,他们占领了欧美知名购物街上的奢侈品门店,因而更加鼓励了奢侈品品牌在新兴市场开辟销售点。奢侈品品牌首先瞄准的就是距日本近、能使用日元,最重要的是购物免关税的度假胜地夏威夷。在 20 世纪 90 年代香奈儿位于怀基基海滩的专卖店成为该品牌全球销量第一的门店后,其他品牌也随之在怀基基附近的卡拉卡瓦大道开设了店铺。[①]

在此期间,日本成为奢侈品品牌优先考虑的市场,大量开店成为品牌抢占日本市场份额的重要方式。以 2006 年的奢侈品门店数量为例,达到了几乎在每个街角都能买到奢侈品的规模,比如 LVMH 集团旗下的品牌在当时开设的专卖店达 252 家,另外蔻驰设店 115 家、博柏利 75 家、爱马仕 64 家、菲拉格慕 64 家、蒂芙尼 50 家、古驰 49 家、香奈儿 37 家、普拉达 35 家和宝格丽 34 家。然而,在经历 2007 年的全球金融危机后,日本经济严重衰退,奢侈品市场迅速疲软,"世界第一大奢侈品市场"的光环也随之褪去。2009 年,日本奢侈品销量遭遇滑铁卢,奢侈品市场萎缩至 99.4 亿美元,在 2008 年的基础上下降了 16%,市场的规模仅为 1996 年巅峰时的一半,标志性事件就是范思哲关闭了其在日本的全部 4 家专卖店,全面退出日本市场。2010 年,麦肯锡发表的《日本奢侈品消费者的脉象》一文指出,奢侈品市场增长已经远离日本而转向

---

① 托马斯.奢侈的![M].李孟苏,崔薇,译.重庆:重庆大学出版社,2011:94-102.

亚洲大陆:法国的奢侈品巨头爱马仕 2010 年第一季度在日本的销量下降了约 5％,而在除日本之外的亚洲其他国家的销量却增长了 44％;LVMH 集团 2010 年第一季度在日本的销量下降了 7％,而在中国的销量却增长了 25％;历峰集团则是截至 2010 年 3 月 31 日的 12 个月内,在日本的销量下降了 17％,而在亚洲其他地区的销量却增长了 17％,并预计日本奢侈品消费市场的实际规模短期内不会出现大的增长。[①] 紧接着 2011 年百年来最严重的地震、海啸和核泄漏等一系列灾难的打击,更使日本的奢侈品市场再受重创,消费者因此大幅降低对奢侈品的消费,路易·威登、普拉达、香奈儿、卡地亚、古驰等奢侈品品牌对此采取了不同程度的关闭门店的措施。直到近年,政府推出的一系列经济方案和货币政策,推动了日本经济的逐步复苏。作为全球最大的奢侈品市场之一,日本奢侈品市场未来数年,也将有望随着消费者信心回升和年轻一代购买力的崛起而实现增长。值得注意的是,尽管日本奢侈品消费仍然以本地消费为主,但入境游客购物对日本奢侈品市场销售额具有重要影响[②],其中就包括数量激增的赴日旅游的中国消费者。

---

① 麦肯锡. 日本奢侈品消费者的脉象[EB/OL]. (2010-09-01)[2020-01-05]. http://blog. sina. com. cn/s/blog_65f317170100loax. html.

② 德勤. 2018 全球奢侈品力量[EB/OL]. (2018-10-04)[2020-01-06]. https://www2. deloitte. com/content/dam/Deloitte/cn/Documents/consumer-business/deloitte- cn-consumer-global-powers-of-luxury-goods-2018-zh-181004. pdf.

（2）中国

30 年前,中国几乎不存在奢侈品市场,而得益于改革开放带来经济持续稳定的增长、人均收入水平的大幅提高和一批富人的涌现,奢侈品在这个新兴市场获得了广阔的成长环境。如今,利润丰厚的中国市场正成为各大奢侈品品牌的必争之地。贝恩公司数据显示,2018 年,中国奢侈品市场的销售额增长了 20%,达到 230 亿欧元,而中国消费者在全球奢侈品消费中的份额则占据了总额的 33%,并将继续增加,预计到 2025 年将占全球市场的 46%。中国正在成为塑造奢侈品未来趋势的重要力量,引领全球奢侈品市场的积极增长。①

1976 年,中国政府开始着手发展纺织和服装工业,并寻求与外国设计师的合作。皮尔·卡丹被中国外贸部聘为"时装顾问",他创立的品牌也成了为中国人所熟知的第一个西方奢侈品品牌,并于 1981 年在北京饭店举办了第一个对公众开放的时装秀。皮尔·卡丹通过时装品牌促进中法文化交流和两国的友谊,虽然带有时代造就下的浓重外交色彩,但不可否认的是,在他的推动下,时尚消费逐渐为中国人所认可,成为"个人喜好的表达方式"。在随后的 80 年代和 90 年代早期,有一件带皮尔·卡丹标志的产品

---

① D'Arpizio C, Levato F, Prete F, et al. The Future of Luxury: A Look into Tomorrow to Understand Today [EB/OL]. (2019-01-10) [2020-01-07]. https://www.bain.com/insights/luxury-goods-worldwide-market-study-fall-winter-2018/.

成为值得炫耀的事。^① 皮尔·卡丹叩开了中国奢侈品市场的大门。

然而在 20 世纪 90 年代以前,只有香港和内地沿海的贸易公司零星经营奢侈品品牌,整个中国并未真正形成奢侈品消费。到了 90 年代,中国的市场化和全球化改革取得显著成效,实现经济的高速增长和减贫。外商投资的豪华酒店成为奢侈品正式打入中国市场的重要渠道,包括位于北京的半岛酒店、香格里拉酒店等。其中 1982 年开业的王府半岛酒店开辟的地下精品廊开始出售奢侈品,先后吸引了卡地亚(1990)、杰尼亚(1991)、路易·威登(1992)入驻并开设专卖店,其中杰尼亚的专卖店为中国内地首家奢侈品直营店;以特许经营方式进入中国的博柏利(1993)则出现在上海希尔顿酒店内。^② 进入 21 世纪,中国的中产阶级崛起,开始逐步成为奢侈品消费主体,日趋高涨的奢侈品消费热情促使奢侈品品牌加速布局中国市场。首先是奢侈品零售渠道不再局限于传统的酒店和百货大楼。随着各类高端购物中心,如北京的国贸商场、上海的中信泰富和恒隆广场的陆续开业,购物中心的精品店和旗舰店扩大了各一线品牌在中国的零售网络。中国在加入世贸组织(WTO)后于 2004 年开始实施《外商投资商业领域管理办法》,国外的奢侈品品牌相继收回代理权,开始自主经营与扩张,大

---

① 李孟苏. 奢侈大牌与中国:相爱 40 年面临中年危机[EB/OL]. (2019-09-15) [2021-01-10]. https://www.huxiu.com/article/318031.html.

② 胡展奋,金姬,任蕙兰,等. 奢侈品江湖:多么深多么浑[EB/OL]. (2011-01-27) [2021-01-10]. https://www.bain.cn/news_info.php? id=335.

力布局直营店和旗舰店。① 同年的标志性事件是,阿玛尼把上海外滩三号改成了品牌旗舰店,开启了奢侈品进驻中国历史建筑的先河。21世纪初开始进入中国市场并开设门店的奢侈品品牌包括范思哲、蒂芙尼、百达翡丽和华伦天奴。

中国奢侈品市场的高速发展甚至被视为一个奇迹,特别是自源于美国而波及全球的2008年次贷危机、房地产泡沫和银行系统崩溃以来,欧美国家奢侈品消费需求普遍萎缩。2009年,几乎世界各地市场上的奢侈品销售额均有所下降(日本下降20%,美国下降15%,欧洲下降4%),而中国奢侈品销售额却增长了15%,这对奢侈品品牌的吸引力不言而喻;2010年,世界形势转好,中国市场尤为突出,其销售额增长了50%;2011年,中国已经成为奢侈品消费领导者,推动了全球奢侈品行业的发展。② 同时,随着一线城市红利日渐消失,奢侈品品牌不再是北上广深等一线城市的专利,二、三线城市开始释放潜力,包括杭州、青岛、厦门、大连、珠海等沿海开放型城市和重庆、成都、长沙、西安、郑州等内陆枢纽型城市。比如SKP商场进驻西安,带来大量奢侈品品牌资源,包括普拉达、缪缪、爱马仕等高端奢侈品品牌;太古地产旗下项目远洋太古里进驻成都,带来了英国高端香水品牌祖马龙(Jo Malone)、比利时奢侈皮具品牌Delvaux和设计师品牌汤姆·布朗等。睿意德

　　① 　朱桦,黄宇.经典与时尚:当代国际奢侈品产业探析[M].上海:上海人民出版社,2012:66-71.

　　② 　颂·布朗卡特.奢侈品之路:顶级奢侈品品牌战略与管理[M].谢绮红,译.北京:机械工业出版社,2016:378-382.

中国商业地产研究中心数据指出,2017 年二、三线城市的奢侈品门店数占比 27%,较上一年度高出 7.83%。[①]

毫无疑问,奢侈品的下一代消费者将是中国人,尤其是中国的年轻一代。胡润(Hurun)研究院发布的 2018 年《胡润财富报告》显示,中国国内家庭资产超过 600 万的富裕家庭数量为 488 万,这些高收入家庭是支撑高端奢侈品消费的主要力量。而根据《2019 年中国奢侈品消费报告》的数据,2018 年有大约 2390 万中国消费者购买过奢侈品,其中,"80 后"和"90 后"群体分别贡献了中国奢侈品总消费量的 56% 和 23%。麦肯锡的统计显示,在奢侈品消费方面,中国"80 后"每年人均花费 4.1 万元人民币,"90 后"则每年人均花费 2.5 万元人民币。区别于国外的奢侈品消费年龄一般在 40 岁以上,中国有一半的奢侈品消费者年龄为 25—35 岁,可见在消费结构上,中国奢侈品消费者年纪更轻。这与经济发展和家庭收入密切相关,这批作为独生子女成长起来的千禧一代来自年轻、富裕且能够消费奢侈品的中产家庭,这一人群中的 70% 在父母的资助下拥有自己的房子(来自汇丰银行统计数据),因此他们实现了财务相对独立并有宽裕资金做靠山,对奢侈品的无法抗拒形成其巨大的购买力。其中,女性在奢侈品上的消费高于男性,化妆品这一传统女性品类增长超过 25%,而由男性消费者主导的腕表品

---

① 万露.奢侈品下沉二三线城市 品牌推广仍困难重重[EB/OL]. (2018-11-28) [2021-01-15]. https://finance. sina. com. cn/chanjing/cyxw/2018-11-28/doc-ihpevhcm0434022. shtml.

类增长则低于10%。他们是中国奢侈品市场逐渐走向成熟下培育出来的一类新奢侈品消费者,但和过去通过明显的著名标志和真正的品牌为自己赢取尊重、彰显成功的富有阶层类似,奢侈品品牌价值除了作为他们的身份象征外,更能彰显其社会群体属性,成为一种社交身份认同感的资本,同时也体现他们对美学价值的追求。这也激发了中产阶级对轻奢品的热情,用可承受范围内的价格享受富裕阶级审美价值的产品。目前,中国市场的轻奢品牌消费目标人群已达总人口的18%,且消费已经占总量的35%,上升力度不减。①

除了迅速壮大的中产阶级和大胆消费的千禧一代,自2015年开始,消费回流也成为推动中国奢侈品市场增长的主要动力。在中国政府下调进口关税、加强对灰色市场管控,各大奢侈品品牌持续调整国内外市场价差等因素的共同作用下,中国消费者在内地消费奢侈品的比例由2015年的23%上升到2018年的27%。他们不再为了购买价格更低的产品,前往香港、新加坡、纽约、伦敦等城市。② 咨询机构德勤对近2000种奢侈品价格的调查数据显示,目前中国市场的奢侈品平均售价比法国的同款商品高32%,而前年则高出41%。数字化是另一关键。数字化渠道的全面发展和

---

① 鞠传江. 中国奢侈品消费者成就全球奢侈品产业最大市场[EB/OL]. (2019-11-04)[2021-01-15]. https://column.chinadaily.com.cn/a/201911/04/WS5dbfbd8ca31099ab995e9b76.html.

② 贝恩公司. 2018年中国奢侈品市场研究[EB/OL]. (2019-03-19)[2021-01-15]. https://www.bain.cn/news_info.php? id=897.

成熟使中国在线购买奢侈品人群不断壮大,并且线上渠道的奢侈品销售额在 2018 年实现了 27% 的增长。同时,数字化渠道也已经成为中国奢侈品消费者获取品牌信息最重要的渠道,因此,奢侈品的数字化营销活动也随之不断增加,占目前中国市场奢侈品品牌营销预算的 50% 以上。①

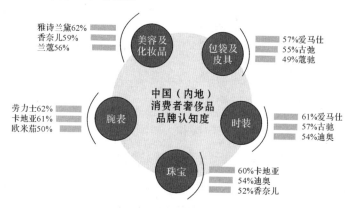

2019 中国内地消费者认知度前三名奢侈品品牌

资料来源:罗德公关与精确市场研究中心. 2019 中国奢华品报告[EB/OL].（2019-01-14）[2020-11-15]. http://313ct818yszd3xd6xa2z47nm-wpengine. netdna-ssl. com/wp-content/uploads/2019/01/2019% E4% B8% AD% E5% 9B% BD% E5% A5% A2% E5% 8D% 8E% E5% 93% 81% E6% 8A% A5% E5% 91% 8A. pdf.

---

① 哈佛商业评论.《2019 中国奢华品报告》发布 数字化影响成为主导[EB/OL].（2019-01-17）[2021-01-16]. https://www.hbrchina.org/2019-01-17/7090.html.

奢侈品进入中国市场时间

年份	高级时装/时装品牌	皮具/鞋履品牌	珠宝/腕表品牌
1990 年以前	皮尔·卡丹(1979)	思琳（1984）、百利(Bally,1986)	卡地亚(1990)
1990—2000 年	杰尼亚（1991）、博柏利(1993)、香奈儿(1993)、纪梵希(1993)、登喜路(1993)、汤米·希尔费格(1996)、古驰(1997)、阿玛尼(1997)、雨果·博斯(1997)	路易·威登（1992）、菲拉格慕（1993）、爱马仕、芬迪(1997)	江诗丹顿(1998)、万宝龙(1998)、积家(1999)
2000 年至今	范思哲（2000）、普拉达(2001)、华伦天奴(2005)、蔻依(2005)、巴黎世家(2009)、盟可睐(Moncler,2009)、摩纳(2015)	罗意威（2001）、蔻驰（2003）、葆蝶家(2007)、托德斯(2008)	蒂芙尼（2001）、宝格丽（2003）、百达翡丽(2005)、梵克雅宝(2005)

(3)俄罗斯

历史上的沙皇俄国曾是 18 世纪西方奢侈品的主要市场,赫赫有名的"宝玑迷"就是当时的沙皇亚历山大一世,俄罗斯人受其影响,也十分追捧奢侈品。20 世纪初,俄罗斯的贵族也成为全球第一批奢侈品消费者。而在经历十月革命之后,俄罗斯的奢侈品行业逐渐失去其吸引力。自 1993 年莫斯科开设第一家奢侈品店后,历经数年发展,如今俄罗斯再次成为全球奢侈品业重要的消费市场。莱坊公司(Knight Frank)发布的《2018 年财富报告》指出,截至 2017 年底,俄罗斯财富超过 500 万美元的富豪人数增加 27%,达 3.81 万人,财富超过 5000 万美元的超级富豪达 2620 人,占全球总数的 2%,而其市场约占全球奢侈品总销量的 4%,其中 70%的奢侈品消费来自莫斯科、圣彼得堡、叶卡捷琳堡和克拉斯诺达尔等城市。麦肯锡发布的《俄罗斯奢侈品市场统计》显示，电子商务平台与千禧一代被认为是如今俄罗斯奢侈品行业发展的关键，但与此同时，纸质媒体和实体商店仍然是接触消费者的重点渠道，并且仅有不到10％的受访者选择了"外国和俄罗斯名人具有影响力"这一选项。对于俄罗斯的消费者而言，以亲朋好友建议为主要形式的点对点营销所具有的影响力远超过博主和名人，更有可能转化为购买行为。[①]

俄罗斯作为新兴奢侈品市场，在过去的几十年中，消费者及其消费方式也不断变迁。20世纪90年代苏联解体后，俄罗斯出现的一批百万富翁和新贵掌握了前国营经济的重要部分，拥有强大的购买力，而在经历过计划经济时代后，大肆挥霍的炫耀性消费成为他们的消费行为特征之一。为显示其富裕的经济状况以赢得他人的尊重，他们购买的标准是品牌的名望与大小，对西方的奢侈品呈现盲目崇拜的状态。进入21世纪后，随着俄罗斯经济的蓬勃发展，财富积累达到一定程度，奢侈品潜在的消费者中出现了中产阶级，他们受过高等教育且收入高于平均水平。典型的俄罗斯中产阶级居住在公寓中，拥有一辆及以上的汽车，每年有1—2次的重大支出花费在教育、娱乐、保险和旅游等活动或服务中。作为富有阶层代表的精英政治人物、财团寡头和社会名流也开始摆脱炫耀性消费，进入对奢侈品有所了解并获得消费经验的阶段。2014年

---

① Doyle M. Making Sense of Russia's Luxury Market [EB/OL]. (2018-07-03) [2021-01-20]. https://www.ordre.com/en/news/russia-luxury-retail-report-list-525.

开始,俄罗斯卢布贬值、油价低迷,以及因干涉乌克兰吞并克里米亚而受到国际经济制裁,在国内整体局势衰退的情况下,摆脱炫耀性消费的趋势更为明显。一方面,富有阶层更多地在国内市场进行消费,并通过增加在奢侈品方面的支出以进一步强调自身的社会地位,弥补了中产阶级急剧减少导致的市场萎缩。另一方面,这也使得俄罗斯奢侈品市场将注意力转移到可以作为投资的绝对奢侈品上来,比如艺术品、汽车、珠宝和手表等,限量收藏版本的产品也更受追捧;因此,该市场对由全球知名的工匠生产并使用珍贵而独特的材料制作的老式奢侈品需求激增。

近年来,俄罗斯经济开始复苏,政治格局也保持稳定,该国奢侈品市场在经过多年萎缩的艰难时期后开始呈现正增长;被认为是俄罗斯奢侈品市场健康程度的重要风向标之一的俄罗斯奢侈品零售巨头 Mercury Group 表示,这主要得益于国内需求增长和海外游客尤其是中国游客贡献销量提升,游客退税政策的实施也进一步提升了奢侈品销售额。该集团旗下 TSUM 百货由"俄罗斯时尚圈最有影响力的女人"阿拉·韦伯(Alla Verber)主理,采取了简单易懂的激进优价策略,包括"价格与米兰同步"和"给中国游客特定优惠"等,并加大全渠道投资,开设了电商网站 tsum. ru。丰富的选货是其优势,除了最畅销的传统奢侈品品牌,如华伦天奴、杜嘉班纳和圣罗兰外,还销售罗意威、梅森·玛吉拉(Maison Margiela)、唯特萌、埃德姆(Erdem)和扎克·珀森(Zac Posen)等一批年轻化审美的品牌。位于俄罗斯红场正对面,坐落在有着金属边框及弧形玻璃天花板的传统俄罗斯建筑长廊中的百货商店古姆(Gum)是其有力的竞争对手。古姆是莫斯科最大的高级百货商店,有着近130年的历史,如今则是以娱乐化零售体验著称的奢侈品地标,有着天然的人流优势。在2004年被奢侈品零售集团Bosco di Cilegi买下50%股份后,古姆入驻了麦丝·玛拉、纪梵希、高田贤三、莫斯奇诺等奢侈品品牌,为了吸引年轻一代,还推出了快闪店模式(pop-up)的独立设计师品牌概念店Section。① 除此之外,作为"莫斯科潮流朝圣地"的商场Tsvetnoy和被Hypebeast称为"俄罗斯最有影响力的潮流据点之一"的小众买手店KM20,也通过拥抱青年文化,与年轻的奢侈品消费者建立起牢固的联系,正在开创未来的俄罗斯奢侈品市场。②

(4)印度

印度既是拥有丰富文化遗产的文明古国,同时也是国内环境极度复杂的人口大国(根据世界银行的统计数据,2020年,印度人口已达13.8亿人),其建立政治文化的民主基础是代表着地主、上层种姓、农民、政府机构及地霸等少数有序群体意志的"民主",并且如今依旧时有动乱发生。印度在从发展农业转向发展服务业后,创造出了巨大财富,加之私营的家族企业的发展对经济发展的

----

① Hu D. 俄罗斯的百货商店[EB/OL]. (2018-03-07)[2021-04-17]. http://wap. art. ifeng. com/? app＝system&controller＝artmobile&action＝content &contentid＝3411218.

② Morency C. 这十间买手店赢得了Z世代的忠诚与荷包[EB/OL]. (2017-10-18)[2021-04-20]. https://cn. businessoffashion. com/articles/news-analysis/10-boutiques-winning-with-gen-z-cn.

革新,如塔塔(Tata's)、贝拉(Bella's)、高德瑞治(Godrej's)和米塔尔(Mittal's),同时印度理工学院、印度管理研究院等院校对人才的培养,25 家世界 500 强企业在印度设立研发基地,以及拥有技术与年龄优势的印度"新硅谷"地区,这些都使印度迎来了重大转变。据预测,到 2050 年,印度将成为继中国和美国之后的世界第三大经济体。然而,巨变背后的印度仍然存在巨大的两极差异,经济的发展主要集中在孟买、德里、班加罗尔、加尔各答、海得拉巴和钦耐等主要大城市,城市人口比例也并不高,在经历过殖民统治后仍有很大一部分人民生活在极度困窘之中。[①] 除此之外,高度的文盲率、盛行的官僚主义等亟待解决的问题,也使得印度社会面临多重矛盾的现实,因此,印度奢侈品市场仍处于起步阶段。2018年,印度的奢侈品市场规模约为 62.5 亿美元,和同为新兴奢侈品市场的中国的 232 亿美元相比仍存在较大差距。其原因可归纳为如下几点:

一是缺乏高质量的零售店面。尽管在 2012 年印度联邦内阁通过允许 51% 的多品牌外商直接投资和 100% 的单一品牌外商直接投资零售的法案,消除了西方企业入驻印度的主要障碍之一,使得奢侈品品牌最终能够直接拥有、经营和控制专卖店;但印度缺乏零售店的基础设施,街道状况不甚理想,包括卫生和安全条件等都不利于奢侈品品牌营造良好的购物环境,同时奢侈品购物中心屈

---

① 萨维奥洛,科贝利尼.时尚与奢侈品企业管理[M].江汇,译.广州:广东经济出版社,2016:54-61.

指可数。因此，奢侈品店铺往往开设在孟买或德里的酒店中，这对品牌的普及造成了阻碍。

二是高额的进口商品关税。印度的进口商品关税徘徊在30%左右，这使得印度本土市场的奢侈品价格远高于其他国家和地区。将门店开设于印度金融中心泰姬陵酒店的两个奢侈品品牌——路易·威登和迪奥，其售价约5000美元的高级连衣裙和2500美元的手袋，除了偶尔好奇的参观者，并无人问津。① 而且自2018年受中美贸易战的影响，印度遭遇了本国货币大幅贬值，因此出台相关政策限制进口，尤其是对奢侈品和非必需品进口进行缩减，以发展本国制造业。

三是有别于其他新兴市场的消费者。印度的百万美元富翁更热衷于通过直升机、游艇、私人烟花表演、豪华派对等展示自己的财富，而非仅仅是香奈儿、迪奥等个人奢侈品品牌的标志。同时，他们更倾向于选择在海外进行奢侈品消费，如新加坡、香港、迪拜、纽约、伦敦等地的国际购物中心，因为国外的品类更齐全，总体奢侈体验更佳。这使得他们对奢侈品具备了一定的了解，也对奢侈品的质量和服务提出了更高的要求。

四是独特的民族审美文化。印度在服装、珠宝、配饰等方面有丰富的文化遗产，比如女子传统服饰"纱丽"。因此，奢侈品品牌开

---

① CFW. 奢侈品品牌进军印度路漫漫［EB/OL］.（2011-09-16）［2021-05-10］. https://cn. fashionnetwork. com/news/she-chi-pin-pin-pai-jin-jun-yin-du-lu-man-man, 202127. html.

发、融入印度的市场,首先需要关注印度消费者的需求,将印度风味融入产品中,推出和当地人品味、生活一致的限量版产品①,或是以正式场合的标准来设计女装和珠宝。爱马仕就曾针对印度推出过巴黎制作的售价约 2000 美元的纱丽,古驰、香奈儿和周仰杰则以印度的婚庆市场为切入点。

五是悠久的工匠传承历史。和强调手工创造价值的西方奢侈品相比,印度本地由工匠打造的手工制品无论是在质量上还是数量上都更占优势,并且对有根深蒂固的享受服务观念的印度消费者而言,享受工匠的手工服务不需要任何成本。以珠宝产品为例,印度人深知直接从本地工匠珠宝商处购买会更划算,金的重量、宝石的大小和工艺比品牌更为重要。②

因此,奢侈品品牌必须深入了解印度宏观环境,才能在该市场采取进一步的措施。其潜力在于,印度在 2018 年拥有 2.7 亿中产阶级人口,其中获得国际认可的宝莱坞也有望成为奢侈品依靠电影产业抢占印度市场份额的重要机会。"Jimmy Choo, Manolo, Prada, Galliano, 我全部都有。但就是没够。我想要更多……Louis Vuitton, Stella McCartney, Donatella Versace。我用的包是 Gucci……"2012 年宝莱坞电影《年度最佳学生》中的歌曲就毫不避讳地传达了印度市场对奢侈品的兴趣。部分国际奢侈品从

---

① 颂, 布朗卡特. 奢侈品之路: 顶级奢侈品品牌战略与管理 [M]. 谢绮红, 译. 北京: 机械工业出版社, 2016: 372.

② Kapferer J N, Bastien V. 奢侈品战略: 揭秘世界顶级奢侈品的品牌战略 [M]. 谢绮红, 译. 北京: 机械工业出版社, 2014: 139.

20 世纪 90 年代末开始进入印度奢侈品市场。自路易·威登于 2003 年进入印度市场后,LVMH 集团旗下的芬迪、迪奥、泰格·豪雅也相继入驻。至今,印度奢侈品零售市场已经包括爱马仕、古驰、范思哲和菲拉格慕在内的 50 多个奢侈品品牌,并开设了旗舰店。以爱马仕为例,2008 年在印度五星级酒店 Oberoi 里开设了第一家店铺,2011 年成为第一批入驻孟买南部霍妮曼商圈的奢侈品品牌,2017 年新德里市中心地标性奢侈品购物点 Chanakya 商场开业之际,爱马仕更是率先开店营业。① 珠宝首饰产业是目前印度发展最快的行业之一,以每年 15％的速度增长,其中,黄金首饰占据珠宝市场约八成的份额,在该国加工的钻石出口率则高达 93％。而印度快速城市化带来的中产阶级和富裕阶层人口的增长,显示了印度珠宝首饰消费的巨大需求,并且随着印度人口结构发生变化,该国珠宝首饰市场的消费情况也将随之发生改变。2019 年,美国奢侈品珠宝首饰品牌蒂芙尼宣布开始与印度公司 Reliance Brands Ltd. 合作进军印度市场(Reliance Brands 是印度的一家顶级时尚零售集团,该公司合作了博柏利、葆蝶家和阿玛尼等多个奢侈品品牌,为其开拓印度市场),以不断增长的中产阶级和有品牌意识的年轻消费者为目标,将先后在印度首都德里和孟买开设旗舰店和精品店。在 2021 年上半年第二波新冠肺炎袭击印度后,由于疫苗接种率上升,人们认为大流行已得到控制。尽管

---

① 宋婉心. 准备掘金印度市场,爱马仕扩张策略较为谨慎[EB/OL]. (2017-10-11)[2021-05-25]. http://news.zgswcn.com/2017/1011/800652.shtml.

由于引发新冠肺炎的奥密克戎（Omicron）变异株出现，印度在2022年初经历了第三波感染潮，但其影响并未持续太久。因此，事实证明，2022年对于印度奢侈品的复苏意义重大，因为这是自2019年以来印度消费者能够享受国内假期的第一年。

第七章　二手奢侈品市场

　　"奢侈品民主化"趋势愈演愈烈,加上科学技术的迅猛发展,使得奢侈品可以通过许多简易方式获得,因而奢侈品有了日益庞大的消费群体。为了保持快速增长的市场需求,奢侈品的数量和种类供应也在不断增加。2014 年的统计数据显示,服装、皮具、配饰和化妆品等奢侈品的销售额在 2012 年就达到了 2850 亿欧元,预计未来几年的年增长率将达到 7%。对当代奢侈品市场而言,时常"供过于求"所导致的资源浪费和环境污染无疑是一个复杂的挑战。产品销量增加、品牌宣传引发的时尚模仿也会导致一定程度上的"奢侈品同质化",许多热衷于追求个性的消费者更愿意为"孤品""古着"买单。二手奢侈品市场就是在这种背景下诞生的,它包含两个不同的阶段,即一方处理所有物,另一方购买二手物。在奢侈品市场的消费循环中,这两个阶段相互交织、相互联系。

　　在研究二手奢侈品市场时,面临一个核心问题:是什么让"一个人的'垃圾'成为另一个人的财富"? 我们通常有两个不同的视角:其一,购买二手奢侈品的动机往往是较低的价格或是与消费者的环保意识有关,"节约"与"可循环"是第一个视角的关键词。工业发展带来的弊端早已凸显,加上全球范围内的新冠肺炎疫情肆虐,开始刺激人们反思消费主义陷阱,越来越多的消费者重视产品的可回收和可持续性。一位二手奢侈品购买者在采访中说道:"皮革制品是经久耐用的,尤其是长久的时间赋予皮革独特的光泽和质感,会让它们看起来更优雅美丽。我喜欢皮革材料是因为它的耐久性,但我只购买二手皮革制品,因为我会在某种程度上考虑动物的处境。"一些类似的采访数据显示,除了可持续的生活方式,很多人购买二手奢侈品的动机可以上升到对物质主义和消费主义的整体批判。①

　　其二则是关于消费者对时尚价值的追求。对一部分消费者而言,二手奢侈品是见证了时间流逝的经典商品,很多都是独一无二的存在。它们记录了大规模工业生产时代来临之前的产品制造方式,那些年代的奢侈品品牌无一不以自己精湛的工艺为荣。这类消费者想在产品中看到旧时光里工艺和人性的温度,就像是与某种过去的灵魂在现代交织。时间的沉淀赋予二手奢侈品独特的个性,某些瑕疵甚至可以被看作情感的印记,购买者与珍贵的商品建立起更加个性化的关系。除此之外,一个特别有趣的问题是:二手奢侈品是否仍然算是传统意义上的奢侈品? 尽管它本质上确实是

　　①　Turunen L L M, Leipämaa-Leskinen H. Pre-loved Luxury: Identifying the Meanings of Second-hand Luxury Possessions [J]. Journal of Product & Brand Management, 2015,24(1):57-65.

由奢侈品品牌生产的商品,但在第二次交易时,已经缺失了奢侈品的一些必要属性,譬如独家服务、高昂的价格和完美的质量。那么,二手奢侈品难道只是产品生命周期的延长吗?其实不然。设想一下,一个人早就想拥有一个路易·威登的包包,在他心里,路易·威登是永恒的经典,无奈囊中羞涩;所以当他在一家二手商店偶然看到心仪型号的手袋时,他觉得自己简直是挖到宝了,尽管被使用过,但包包整体看来并没有明显瑕疵,而且价格要便宜得多。这就说明二手奢侈品的时尚价值和品牌效应依然存在,尽管无法和全新的产品媲美,二手奢侈品仍旧能满足消费者的情感需求。同时,虽然二手市场对奢侈品品牌的销售业绩没有直接的助力,却在一定程度上给品牌增加了曝光度,将品牌展示给一些不为省钱、只为满足个性化需求的二手消费者;一旦出众的设计风格受到喜爱,这类消费者很有可能会去购买品牌的一手货源。所以,二手市场对奢侈品品牌的销量增长存在着一定的助益。

一、闲置货源催生出循环经济

"虽然很难抗拒下一件新衣服的诱惑,但消费研究表明,购物行为只会带给我们短暂的兴奋感,而不会带来持久的满足。"然而,大批量生产的时尚产业对环境的影响却是持续性的,服装的生产制作需要使用大量宝贵的淡水资源,产生的有毒化学物质会污染河流和海洋……我们消耗和丢弃衣物的速度也远远超过了地球的降解能力。自 20 世纪 80 年代以来,为了刺激消费、促进经济增长,时装零售商一直在加速时尚潮流的更新换代。服装产品的生命周期在 1992 年至 2002 年的十年间迅速缩短了 50%,在产品快速迭代的过程中,货物积压的问题越发凸显。从奢侈品品牌博柏利、路易·威登,到大众品牌耐克、Zara、Gap 和 H&M,都被曝出不当处理闲置库存的问题。博柏利承认,曾在 2017 年焚毁了价值约 3800 万美元的产品,引来媒体和客户的一致批评;同年,《纽约时报》刊文披露,耐克将剪毁的库存鞋子和衣服扔进商店外的垃圾箱,以避免出现未经授权的销售。出于品牌预测失误导致的生产过剩和确保税收减免等原因,多年来,烧掉未售出的产品一直是奢侈品和快时尚品牌的常见做法。对奢侈品商家而言,销毁闲置库存的一个重要原因是可以避免产品以折扣价出售,以保持奢侈品品牌的稀缺性和时尚排他性。有奢侈品公司声称,焚烧商品是品牌保护知识产权、防止仿冒品横行的一种有效方式。[①] 随着可持续理念的发展,越来越多的人意识到此类商业行为是非常不道德的,他们认为时尚公司需要采取更负责任的处理方法,也有一些利益相关者要求时装公司做出改善,用符合道德和环境意识的方式生产和处理服装。

从消费者的角度来说,21 世纪盛行的消费主义通常代表了城

---

① Napier E, Sanguineti F. Fashion Merchandisers' Slash and Burn Dilemma: A Consequence of Over Production and Excessive Waste? [J]. Rutgers Business Review, 2018, 3(2):159-174.

市中奢侈的生活方式,高级购物中心的出现就是一个典型的例子。为了刺激经济增长,企业大力宣传国际化的生活方式,聚集在一起的奢侈品品牌、令人眼花缭乱的高级商品……人们热衷于为休闲娱乐产品买单,以期建立一种优质的现代城市社会的居住者身份。和购物中心一样,许多奢侈品品牌也创造并且促进了消费者对奢侈生活方式的迷恋,许多人不会审慎地选择真正适合自己的产品,而是习惯性根据第一眼的喜好冲动消费。一般来讲,当你发现自己买了太多不必要的东西时,第一反应肯定是:"我又掉进了消费主义的陷阱!"的确,随着有钱有闲人群的扩大,在消费主义的不断刺激下,人们的购买力显著增强,尤其体现在时尚行业。相伴而生的就是鸡肋的闲置货源,食之无味,弃之可惜。不少人开始尝试"断舍离",把不穿的衣服、不用的包包通通丢掉,但很快人们就发现了弊端,譬如资源浪费,以及无法降解的垃圾对环境的不利影响。截止到 2020 年,全球时装行业每年生产约 1000 亿件服装,在这个庞大的产量背后,会产生 9200 万吨由于生产过剩而产生的固体废物。不少消费者意识到人们一贯追求新风格的欲望对生态造成了有害影响。所以,在反对过度消费的同时,以二手商品为代表的循环经济也成为奢侈品行业未来的发展方向之一。

继 2017 年焚烧库存的丑闻传出以后,博柏利迅速在其年度报告中宣布将优化生产线以避免销毁库存积压。如此一来,许多顶级时装公司纷纷效仿,声称将采取相应措施来减少或再利用未售出的商品。博柏利、斯特拉·麦卡特尼、Gap、H&M、耐克等品牌先后加入了艾伦·麦克阿瑟基金会。这个基金会以遵守循环经济为主要原则,提出了"Make Fashion Circular"(可循环时尚)的倡议,研究促进自然资源零浪费转化的商业模式,例如对旧衣服的修复再利用,以此减少服装生产对环境的不利影响。H&M集团制定了"Back in Store"项目,在每家门店设置了回收箱,便于顾客把他们不再穿用的服饰放进去,由此还可以得到一张代金券。这是一次较为成功的实践。2016年,H&M就收集了17771吨二手纺织品用于循环利用,在新一季产品中,可回收材料的占比达到了35%;也有一些时尚公司将部分未售出的商品捐赠给非洲、拉丁美洲以及亚洲的部分欠发达国家;路易·威登宣布每年为员工组织两次内购会来减少库存;历峰集团则是将上一季产品的部分材料进行了熔化和再利用。

站在消费者的角度,许多年轻消费者改变了追逐主流时尚的购物习惯,转而购买质量有保障、价格更实惠的二手奢侈品服装、配饰和家居用品等。二手商店是时尚循环的重要部分,把可持续的概念从生产环节延伸到市场交易环节,与此同时,还有一些二手慈善商店也在时尚循环领域发挥着重要作用。

二、寻宝与怀旧:快时尚环境下的个性化需求

时尚贸易全球化以来,快时尚和快消品牌强势崛起。以H&M和Zara为代表的快时尚品牌自2000年起,销量就开始大

幅增长。快时尚品牌廉价、低质量服装的倾销,促使时尚零售业快速转型,也让各大品牌商品的生命周期不断缩短。商家试图跟上迅速迭代的时尚潮流,于是尽可能缩短上市时间。从本质上说,快时尚是一种商业模式,是时装公司改变常用的传统线性模式,转而采用垂直整合的生产方法,将产品直接供应到自己的一线店铺进行零售。快时尚品牌的巨大优势在于能够迅速响应消费者的需求,在每季时装周刚结束的几周内,就能上架包含最新流行元素的服装。这样一来,对主流时尚的盲目模仿和复制导致时装的独特性被大大削减,人们买到的衣服有着相似的款式和雷同的工艺。复古潮袭来之后,越来越多的人认为快时尚不存在风格,它是"庸俗的",缺乏个性。于是,购买高质量二手服装的人数有所上升,复古风已经慢慢从亚文化转变为大众时尚文化的一种。① 除了消费者审美态度的改变,有影响力的时装设计师也经常主动在设计中应用复古灵感,引领消费者在原有的服装风格上追求更多的个性。加之对过度消费现象的反思,许多消费者对于大规模生产的快时尚有了抵触情绪,相应地,货真价实的绝版二手奢侈品开始表现出独特的吸引力。

二手消费的概念中,除了上文提到的经济因素和环保意识之外,还与购买者个性化的收藏行为有关,强调某件二手奢侈品对收藏者重要的内在和心理价值。这类二手奢侈品的卖点绝不仅是低

---

① Cassidy T D, Bennett H R. The Rise of Vintage Fashion and the Vintage Consumer[J]. Fashion Practice, 2012, 4(2): 239-261.

廉的价格或可持续性,它们一般与特定的时装设计师或某种时代风格相联系;换句话说,所有的时尚潮流都是轮回的,所以复古风格永远不会过时。约翰·沃尔什在 2010 年 8 月 28 日刊登在《独立报》的一篇文章中指出,对于许多二手奢侈品的消费者来说,这些经典的商品就像是透过过去的窗户展望未来。淘宝的刺激感和怀旧的信念似乎在二手奢侈品消费中起着至关重要的作用,因为二手服装能够通过具象的款式、色彩、工艺来重现过去的时代。二手服装店一般不会设置精致舒适的过道,也不会按款式和色彩有序陈列,而是不同风格与色彩的单品混合在一起。消费者沉浸其中,慢慢寻找适合自己的产品,就像一段不拘一格的探索旅程,他们逐渐可以摸索出最适合他们身材和气质的特定风格服饰,因而逛二手商店也会成为令人上瘾和兴奋的冒险。在一个随着科技进步而不断变化、节奏比以往任何时候都要快且越来越超脱的社会中,由于对寻宝体验和怀旧的渴望,二手奢侈品越来越受欢迎,其可以被视为在快速变化的环境中沉淀经典的一种时尚形式,促使消费者从单纯的节约开支者转变为复古美学的鉴赏家,充分感受到过去时代的艺术魅力。

三、古着市场的发展

vintage fashion(古着)的流行可以被视为消费者对快时尚趋势的另一种回应。vintage 在剑桥词典中有"古旧而优质的""古色古香的"等含义,在时尚行业里延伸出"古董商品""复古风格"等意思。在国内市场,人们更习惯将 vintage 称为"古着",即二手或库存时尚产品,包括一些经典的服装、配饰等。在"古着"的定义中,正品保障是一个重要的核心概念,毕竟,不管价值几何,没有人愿意怀揣着寻古之心买到一件仿冒品。在古着市场发端之初,就出现了相关领域的鉴赏家或收藏家,他们对古着进行分类、辨别和鉴赏,把得出的结论反馈给供应商与经销商,确保商家所售商品是真品,有需求和预算的消费者也能了解到这些关键的重估信息,古着市场也因此走向规范化和标准化。

快时尚的大批量生产,导致许多人穿着款式相似的衣服。古着消费者试图摆脱这一趋势,于是通过穿戴一些独一无二的单品,将过去的元素与当代服装相融合,以创造崭新的个人风格。这是一种"时尚独立"的象征,因为古着消费者购买的是一种专属于个人的潮流,而不是时尚行业引领者向他们灌输的潮流。正规古着的原创性、正品性和质量都能够得到保障,甚至许多设计师开始购入他们品牌的经典系列,要么是为了保存在产品档案中,以完善时装公司的历史,要么是为了提取原来的服装图案进行再设计。

乔安娜·布莱斯在《每日邮报》2007 年 11 月 12 日的一篇文章中指出,蕾妮·齐薇格(Renée Zellweger)和瑞茜·威瑟斯彭(Reese Witherspoon)等演艺界名人在红毯活动中穿着古着礼服,鼓励人们走向复古时尚。同时,互联网及社交媒体的信息传播极大地提高了古着在广大消费者中的认知度和受欢迎程度,使它有了更广泛的受众。在专门的论坛上,有大量关于古着的介绍,可以作为新入门消费者的"寻宝指南",相关的手工艺论坛也大量涌现,标志着人们对从前手工生产制品的喜爱。《哨兵报》在 2010 年 10 月 12 日报道了古着的市场增长情况:复古长裙的销量增长了 252%,20 世纪舞会风格的连衣裙成为女性时尚类搜索量第三的商品;与此同时,流行于几十年前的中跟鞋的销量飙升了 140%。古着大趋势也影响到化妆品领域的销售,越来越多消费者想要重现 20 世纪五六十年代的复古妆容,所以经典的柱形盒口红、复古正红色重新开始流行,相关产品的销量猛增 117%。① 总的来说,影响古着市场发展的因素主要有以下几点:消费者对二手商品的态度和个人价值观的改变;古着的个性化风格和质量;设计师对复古元素的应用和市场流行趋势;生态环境问题和快时尚的影响;名人及影视作品的复古形象推广;媒体和互联网的宣传等。

古着市场的流行也在一定程度上体现了 21 世纪的时尚美学趋势,这种新审美风尚的一个标志是,与早期大批量生产时代相比,古着市场的消费者更注重单品的外观和工艺细节,而且在同一家店铺中,允许不同年代风格的产品共存。古着市场已经用一种更为个人理想化、更为灵活时尚的特质,取代了所谓的某个"时尚标杆"。优秀的服饰设计的目的是通过个人表达来实现社会交流,其本质是首先取悦自身,再向周围传达时尚态度。如今的古着时

---

① DeLong M, Heinemann B, Reiley K. Hooked on Vintage! [J]. Fashion Theory, 2005, 9(1): 23-42.

尚可以更好地帮助每个消费者建立清晰又富有想象力的个人风格,而不是依赖于某些通用的标准化时尚。寻找古着、穿上古着成为一个重新评估时尚价值和重新塑造个人特质的过程。中古商品也不仅局限于服饰,中古纺织品、艺术品、古董家具、电器等同样受众广泛。被使用过的痕迹包括随着时间的推移而产生的变化和不完美,穿越时间和空间与现代时尚交织,为每一件古着构造出别样的魅力。

第八章　可持续时尚

近几十年,日益严峻的全球生态环境恶化问题越来越受到关注,工业污染、全球变暖和资源枯竭等,渐渐威胁着人类的生存空间。自21世纪初以来,各界企业为了提高整体竞争力、改善社会福祉、减少环境破坏和缩小经济差距,纷纷开始探索更有效的资源配置和利用方式。循环经济代表了一种新的商业模式,有助于实现社会整体的可持续发展。根据循环经济的原则,企业可以利用合适的基础设施将废物转化后再利用。材料再利用率的整体增加可以帮助企业降低生产成本。在这样的背景下,循环经济的概念逐渐被提上政府和企业的议事日程,在普罗大众中也愈发得到重视。

时尚领域同样离不开一系列的消耗和污染。以象征着"精英主义""享乐主义""创造力"的奢侈品行业为例,最近的研究表明,尽管越来越多的消费者开始关注奢侈品的可持续性,完全站在可持续发展立场的奢侈品集团依然不多。在满足目标客户的需求方面,奢侈品的内涵在于唤起人们对稀缺资源的追逐和渴望,所以奢侈品生产经常采用稀有的原材料,如兽皮、贵金属、宝石。此外,离岸生产后,奢侈品品牌采用破坏当地环境的制造方法;甚至有些服装品牌承认为了减少货品积压,会烧毁未售出的库存等。在这种情况下,一些奢侈品品牌率先开启了对可持续概念的探索,它们致力于找到替代的可持续优质材料,努力保持一贯的工艺制造水准,顺便彰显品牌在注重环保的新时代的社会责任感,以减少商品生产和回收对环境的破坏和对社会的负面影响。

一、来自市场的挑战

可持续时尚的概念最早出现于 20 世纪 60 年代,当时的人们初步意识到服装制造业对环境的恶劣影响。在 20 世纪 80 年代到 90 年代,欧洲消费者群体内兴起了反皮草运动,不时会有相关的环保人士进入时装秀场,对品牌通过非道德渠道获取时装原材料的行为进行抗议,主张品牌提供良好的工作条件、公平贸易和减少环境破坏。在舆论和客观现实因素的影响下,不少企业和品牌逐步开启了可持续的商业模式,更多采用有机和环保材料,保证材料和生产线的可持续认证和可追溯性。

可持续时尚是时尚产品整个生命周期的延长,将可持续作为核心目标不仅仅是应对监管标准,减少商品生产给品牌带来的负面影响,更是品牌积极主动地赋予时尚产品第二次生命的过程。可持续时尚的优势在于能够维持材料长期的复原力,继而创造商业和经济机会,最终带来环境和社会的双重效益。在时装行业这样的竞争环境中,想要脱颖而出,争得市场份额,体现自身的品牌独特性至关重要。新冠肺炎疫情等诸多原因导致了多行业的经济衰退,奢侈品领域销售额反而有所上升。作为时尚业的标杆,这实际上也有助于促进可持续时尚在服装行业的实践进程。

可持续概念广泛传播后,一些企业发现可以通过"绿色化"来实现品牌特点的建立,于是在品牌营销中会使用诸如"生态""有机""环保"或"绿色"等关键词。对外宣传公司采用绿色洗涤,或是采取线上营销的形式、可持续的创新方式,可以为品牌带来竞争优势,增强它们负责任的行业形象。例如大众鞋履品牌 Vans 曾在社交媒体发起名为"Vans 多动手"的创意征集活动,鼓励消费者把旧鞋子大胆翻新改造,减少浪费;奢侈品品牌斯特拉·麦卡特尼还致力于新兴可持续材料的开发创新,通过研发非动物来源的类似材料来替代动物皮毛制品,保证产品的现代性、舒适性和审美性,在其品牌官方网站上,还标识着积极的口号"我们的可持续承诺",向消费者展示了品牌的立场、理念和可持续愿景。此外,在可持续时尚中,整个产业链的透明度也是一个非常重要的主题,关乎生产过程中使用的原材料、染料和化学品的来源,以及加工、回收和排污的全过程。一些品牌表示,它们正努力在经济效益和生态环境之间寻找绿色平衡。

任何一种新概念被提出并落实,必须经过市场环境的历练,这一过程无疑会充满艰辛和挑战。可持续性被定义为"在不损害后

路易·威登可持续时尚概念海报

（图片来源于品牌官网）

代满足其需求的能力的情况下尽量满足当前需求"，这个概念相对笼统模糊，由此产生的一个问题是：可持续时尚是否可以在未来成为时尚行业的普适性标准？如何形成与之对应的采购、生产和经销模式？尽管博柏利、斯特拉·麦卡特尼和 H&M 等公司已经开始为品牌打造可持续时尚的形象，但不同于主流时尚的是，直到目前，可持续时尚在产品销售方面仍然自带一种"高级感"，仍然停留在概念化宣传的阶段，是一种在时尚界崭露头角的非主流时尚趋势，造成了一定程度的排他性和奢侈性，普通消费者可能不会选择购买。① 同样,可持续的时尚产品种类不多,不一定符合大多数人的口味。况且现下的时尚行业仍然依赖于库存的快速周转和快节奏的时尚消费,因此,在现实中,让可持续时尚广泛入驻商业街,还有很远的路要走。业内人士评价称:可持续时尚应当是价格合理、时尚前卫、充满趣味的②,这样才能迅速打开市场,推动可持续的产业进程。

二、服装回收升级模式

当前的时尚市场可以被概括为一个线性流程,在这个流程中,产品被源源不断地制造出来,流向市场,被消费者购买,然后被丢弃、焚烧或填埋,没有被购买的库存也难逃填埋或焚烧的命运,这样的运作方式造成了碳排放超标和有毒污染物等环境问题。根据统计,早在 2006 年,仅英国就产生了约 235 万吨服装和纺织品废料,平均每个英国人一年中会丢弃 40 公斤的纺织废物,其中只有13％被当作回收材料,13％用于焚烧,剩下的 74％被送往垃圾填埋场。后两种处理方式会对这些地域的环境造成很大的负面影响,例如排放有毒气体,污染物通过土壤污染地下水。企业刺激消

---

① Henninger C E, Alevizou P J, Oates C J. What is Sustainable Fashion? [J]. Journal of Fashion Marketing and Management:An International Journal,2016,20 (4):400-416.

② Niinimäki K. Sustainable Fashion:New Approaches [M]. Espoo:Aalto University,2013.

费欲望、引导消费者对新鲜事物的追逐,都是目前过度生产和过度消费局面的诱因,从而造成污染和自然资源的耗竭。研究表明,很大一部分废弃服装在处置时仍然具有潜在的使用寿命。

由于服装产业高水平的碳排放量、水资源浪费和废弃物,英国废弃物与资源行动计划(Waste & Resources Action Programme,简称 WRAP)已将纺织产品确定为优先进行再循环和再利用的材料,利用回收升级实现最大的经济和环境效益。随着互联网销售模式的兴起,传统服装市场正在衰退,一些关于升级换代的新概念、新点子为设计师提供了许多引领潮流的机会,对纺织品二次利用以创造新市场就是其中之一。服装回收升级的概念,基于科学技术朝着更可持续的方向发展前进,旨在优化原本效率低下的工业系统的报废流程,利用大量纺织废料来创作新产品。在整改过程中,不断向未来有可能的零废料系统过渡,节约环境成本。在生产环节,服装回收升级的循环过程(也称为服装再加工或再制造)被学者和从业者定义为废弃材料的循环再加工,通过回收、再切割、再加工的循环挖掘产品的潜在价值。在欧洲就出现了一些从事此类服装回收升级项目的小众品牌。这些品牌利用废弃纺织材料创造出新的时装风格,也取得了不错的销售业绩,不仅有利于环境保护,而且有利于经济和社会发展,为时装生产创造了一种可持续的创新商业模式。① 但这种新兴的产业模式仍然处在相对概念

---

① Han S L C, Chan P Y L, Venkatraman P, et al. Standard vs. Upcycled Fashion Design and Production[J]. Fashion Practice, 2017, 9(1): 69-94.

化的阶段，并没有企业可以给出具体直观的循环加工方法，而且由于缺乏成熟透明的监管系统，许多品牌以此为噱头进行品牌营销，空有"可持续"之名而无其实；所以，可持续时尚想要真正给生态和产业带来变革，还有很长的路要走。

　　在市场流通方面，二手、三手商品循环买卖是回收升级的主力军。捐赠的二手服装一般按产品的质量和新旧程度划分等级，等级最高的衣服会在大城市的中古商店或跳蚤市场转售，等级较低的二手服装则出口到非洲和东欧等地的欠发达地区。

第九章　体验式奢侈

对于消费者来说，究竟应该如何定义奢侈？是局限于某些看得见摸得着的产品，还是在消费和使用过程中无与伦比的奢华体验？与其他行业相比，奢侈品消费的独特性之一在于为消费者提供愉悦、独特、体贴的最佳服务。这种消费体验有着它自身的象征意义，用户的潜意识过程贯穿其中，还有品牌提供的各种情感暗示，充分注重用户的感受和需求。奢侈品消费者不仅仅是为购买而购买，更重要的是享受全部的奢华体验。他们期望畅享一个舒适的奢华世界，这个世界代表着激情、魅力、梦想、狂热、欢乐和对奢侈品的热爱。这种奢侈的体验不只被视为个人和社会身份的延伸，也是一种情感和精神上的满足。

奢侈品消费者基于自身的价值观，为奢侈品品牌的产品和服务买单，一般是因为品牌的象征意义和感知价值。为了抓住这一点，奢侈品品牌不断拓宽体验式营销策略。与传统营销中的 4P［产品（product）、价格（price）、推广（promotion）、渠道（place）］推广模式不同，现今的奢侈品品牌通过创造多种情感化的奢侈品体验,强调塑造奢侈品品牌背后的文化意义。消费者沉浸在特定文化背景中,将客户与奢侈品品牌紧密联系在一起。品牌运用合适的环境设计,甚至将实体场所和数字空间连通,创造出令人难忘的、充满情感价值的奢侈品消费体验,使消费者在整个体验过程中实现与品牌的进一步融合。

如果从社会学的角度探讨人们购买奢侈品、享受奢侈品服务的动机,我们可以说,随着社会生产力水平的提升,人们的需求层次也在不断深化。奢侈品的"更易得",促使奢侈品品牌开发更加个性化、情感化的服务,更注重奢侈品无形的、超越功能性的层面,从传统奢侈品营销逐渐过渡到新的体验式奢侈品营销,让奢侈的体验保持其高昂的情感附加价值,以体验感为竞争优势在市场中脱颖而出。

一、创造终极客户体验

"体验"这一概念与特定领域或学科并没有明显的关联,涉及消费者体验的范畴,可以包括哲学、社会学、营销管理、消费者研究和设计学等,这些不同的学科用不同的定义和概念来完善"体验"的释义,为品牌营销和消费者研究中的客户体验环节提供宝贵的经验。例如,哲学家和心理学家认为,体验是人们对某些刺激做出个性化反应的过程,它们通常不是自发产生的,而是经由外界诱导而生的,体验被视为一个矛盾的意识形态概念。通过对生活经历的分析,社会学研究也强调了体验在品牌营销中的重要性,这一点植根于特定的社会文化背景,并与社会表征的形成过程相联系。在社会学中,体验与个人背景、环境、市场、家庭成员,以及其他各类社会要素息息相关,品牌应当挖掘并构造客户的"社会文化体验"。在人类学中,体验是从"实验主义"的角度来探讨的。实验主义是约翰·杜威(John Dewey)在1964年引入的一个专业术语。他指出,影响和控制人们的思想需要通过制订成功的实验计划以及进行实证来检验假设,因此,杜威强调个体的体验和文化象征的重要作用。这些意义和象征植根于个人所属的文化环境,适用于在营销研究中发展客户体验装置,根据消费者的文化喜好来影响购买决策。

　　人类学家凡勃伦著名的"炫耀性消费"理论认为,一个人购买奢侈品是为了彰显相应的社会地位。随着奢侈品种类和数量的不断增加,人们渐渐不满足于仅用产品来表现自我,而开始通过参与一些与生产性工作无关的活动来展示财富。这种现象在20世纪20年代的美国体现得淋漓尽致,富有的美国新兴上层阶级开创了一系列引人注目的生活方式:乘坐私人飞机或游艇去度假,聘请私人造型师和化妆师,邀请设计师量身定制派对礼服等。社会学家皮埃尔·布尔迪厄(Pierre Bourdieu)在研究消费行为中的"资本"概念时,总结了个人资本、社会资本、经济资本和文化资本四个维度,解释了品牌和产品如何依靠社会规范、经济水平和品牌背后的文化意义来吸引客户。而奢侈品行业发展到现在,"情感资本"已然可以作为一个新维度来解释包括炫耀性消费在内的一系列奢侈品消费行为,这些理论对于研究体验式奢侈非常重要。也就是说,随着物质条件越来越好,人们进入了一个更加以自我为中心、更关注自身福祉的时代。奢侈品消费已经从想要引人注目、彰显优越的动机转变为注重体验价值。在这种体验式消费中,情感是促成奢侈品购买行为的核心。消费者不再试图通过穿戴或使用奢侈品来体现阶级,而是渴望沉浸在一段独特而深刻的经历中,这能让他们更深层次地体会到品牌背后的文化内涵,消费过程也就成了一次丰富精神世界的旅程。

德国跑车品牌保时捷为客户组建了爱好者社团,旨在追踪并维护与客户之间的关系,提升客户的体验感。保时捷社团内的成员可以相互交流、讨论喜爱的车型,开展一系列社交和体育活动。品牌通过推出 GTS(Grand Touring Sports)车型,向现有客户和潜在客户展示品牌理念:保时捷跑车是为了极致酷炫和优雅出行而制造的。同时投入使用的还有配套的 GTS 应用程序,社团成员可以通过向其他爱好者分享自己的保时捷驾驶经验来丰富程序内容、连接社团成员间的关系、加强成员之间的交流。它还基于谷歌地图为客户推荐了世界各地最美丽的道路,使用者可以放大查看某个区域,也可以自由选择道路后进行虚拟体验,充分感受驾驶的乐趣。

和保时捷一样,现代社会的体验式奢侈更加强调客户情感需求的表达,而不是一味向客户灌输品牌自身的价值观。卡尔·拉格菲尔德以一种非常主观的方式对这种奢侈进行了定义："我认为奢侈的本质是不必向任何人证明自己是主流。"换言之,奢侈代表着思想的自由与独立。剑桥词典同样将奢侈品定义为一种生活方式而非具体产品,它取决于使用的人如何定义、感知和消费它们。LVMH 和开云集团不约而同地利用广告来刺激客户主动参与产品体验,譬如讲故事和梦幻营销,将各种技术运用在实体空间(例如旗舰店和精品店,与品牌相关的酒店、餐厅)和数字空间(例如社交媒体、官方网站、电子商务领域),3D 屏幕、全息图、视频投影、增强现实或机器人都成了奢侈品品牌数字化体验式营销的设备和工具。先进的科技手段和品牌理念结合起来,为客户提供虚拟与现实交织的体验。品牌会通过研究客户体验的质量、沉浸感、反馈,继而对体验式营销进行管理、创新和加强。①

在以注重客户体验著称的奢侈品领域中,奢侈品品牌的旅行产品和高级酒店等在本质上都属于具有高度体验感的业务,例如LVMH 旗下的酒店、VIP 交通、餐厅、昂贵的红酒等。奢侈品品牌在经营的餐厅里策划不同主题、制造惊喜效果、宣传品牌的工艺和服务,为客户带来难忘、愉快的旅行体验;古驰与米其林星级大厨合作推出的餐厅成就了功能性(餐品质量、厨师创造力等)和情感性(周到的服务、氛围、私密性等)兼具的高级美食体验。

① Batat W. The New Luxury Eexperience[M]. Cham: Springer International Publishing, 2019.

二、传达品牌价值

文化多样性和奢侈品的民主化进程使奢侈品品牌在新兴国家和新富阶层中不断调整其产品和服务,来面对日益增长的客户数量,并且适应不同文化背景下的消费者群体。大部分著名的奢侈品品牌业务已经遍及世界各地,它们在不同地区的体验式营销都植根于当地文化,再融合奢侈品品牌的历史,在多样的文化背景下建立平衡、发展品牌价值。

法国豪华家具品牌罗奇堡(Roche Bobois)运用创意、高质量和产品多样性,为其客户提供了独特的消费体验,这种体验植根于品牌历史和品牌理念。罗奇堡从法国走向世界各地,它取得成功的关键因素之一就在于注重零售体验和客户满意度。首先,品牌常常与时尚界的设计师,如克里斯汀·拉克鲁瓦、米索尼或让-保罗·高缇耶(Jean-Paul Gaultier)进行合作,提升品牌的创造力。对于罗奇堡来说,创新是品牌一切行动的起点。罗奇堡将家具的实用功能审美化,不仅易于消费者日常使用,还灵活融入各种艺术装饰风格。其次,对于质量和细节的严格要求也是品牌的标志性特征。罗奇堡的产品选在欧洲半手工工厂制造,尤其是在高级定制方面,有大量不同配置组合、色彩、款式等,客户可以尽情享受个性化服务。最后,罗奇堡的业务具有多样性,从具体的设计作品到当代收藏品,都是罗奇堡的经营范围。品牌开创了以"新经典"为

代表的家居收藏品,让客户重温了 18 至 20 世纪的法国古典风格,
又将这种风格与现代性相结合,创造了一种奢华独特的感知和体
验,体现着罗奇堡作为高奢家具品牌对卓越的永恒追求。如今,罗
奇堡在全球 50 多个国家开设了超过 250 家分店,致力于不断提高
客户体验水平。为了做到这一点,品牌开发了关于"奢侈品的态
度"的培训课程,让旗下的服务人员了解罗奇堡的准则和品牌精
神;在门店中打造极致奢华的氛围,一旦顾客进入销售区,罗奇堡
就有信心让他们忘记商业购物中心的外部环境,去探索一个充满
创意和优雅的世界,让客户在行走间感受精心排列的材料和色彩,
周围是配套的嗅觉体验和音乐节奏。为了更好地了解店内客户体
验的真实情况,罗奇堡会定期进行购物者调查,每年对每家零售店
进行三到四次访问,通过数据分析来了解需要改进的地方。

类似的客户体验设计包括品牌价值、社会文化和其他宏观、微
观因素,这些因素直接或间接地影响消费者体验生活的方式,也影
响着客户与品牌之间的联系。体验式的奢侈品营销在客户满意度
和忠诚度、品牌声誉和形象等领域发挥着日益显著的作用。

第十章　中国本土奢侈品品牌
——以上下、上海滩为例

　　要研究中国本土的时尚类奢侈品,首先面临的问题就是品牌历史。欧洲市场不乏历经两三个世纪延续至今的"皇家御用"品牌,而我们出于历史和经济启蒙较晚等原因,并没有类似的品牌存在,市场上现有的奢侈品品牌也基本处在起步阶段。其实除了时尚行业,中国本土的高级翡翠、茶叶、白酒等特有品类,价格高昂且质量不凡,完全可以被纳入奢侈品的行列,而在服装、箱包、珠宝等现代化时尚领域,中国本土品牌无疑还有很长的路要走。

　　改革开放以来中国经济强势崛起,诞生了北上广深等一线城市,中国消费者对于奢侈品的购买力空前提高,欧美奢侈品品牌在中国迎来了第二个黄金年代。[①] 尽管奢侈品市场在西方也存在着各种障碍和困难,但是人们对品牌价值的认知和已经形成的消费习惯还是难以改变,这种习惯也延续到了中国的消费者身上。随着消费观念的日趋理性,人们从用奢侈品的象征意义彰显身份,转

---

① 卢曦. 中国奢侈品牌国际化[J]. 环球市场信息导报,2014(30):62-65.

变为对产品精细品质的追求和信赖。他们不再一味地信奉昂贵的价格、显眼的标志等,而是会考量更多细节,比如产品细节、手工艺水平、设计理念、技术含量等。消费者这种对于精品的需求是没有国界的,因此,对中国本土奢侈品品牌而言,要想实现跨文化传播,首先要精确定位自身特点,表现出品牌品质的优良,着重体现品牌的"精",而非"贵",吸引足够的本土客户,然后再采用"全球化战略",将品牌传播的重点聚焦于"精品路线"上,通过各种形式的传播活动,让品牌的内在属性被世界各地的消费者充分认识到。[①]

一、上下(Shang Xia)

上下是 2008 年由法国爱马仕集团与中国设计师蒋琼耳合作创立的奢侈品品牌,致力于传承和创新中国及其他亚洲国家的传统手工艺,让经典重返当代生活。出生于艺术世家的蒋琼耳担任上下的设计总监,整个品牌团队也主要是由中国人组成。在蒋琼耳的带领下,上下对竹编、紫檀、羊毛毡等中国传统手工艺进行了发掘和再创造。蒋琼耳一直强调,上下不是出于个人爱好而诞生的品牌,它属于中国,属于上下五千年的文化,是以上下为出发点,再现传统东方的雅致生活。纯粹的传承是在博物馆,而上下要打造和市场连接的平台。"今天的手工艺人虽然有很高的技艺,可以

---

① 张景云,王勇,刘畅.西方奢侈品品牌国际化经营的障碍与对策:对中国奢侈品牌培育与传播的建议[J].对外经贸实务,2016(8):19-22.

把仿明代的家具做得和真的明代家具一模一样,但他们制作作品时还停留在传统的审美观、构思方式上,而我们虽然有想法,却做不出来。"蒋琼耳认为和手工艺人之间的对话可以使得"手脑连接起来",避免眼高手低,进而实现传统与现代的融合。中国有几千年灿烂的文化、精致的传统手工艺,却在过去50多年的历史中产生了一定的断裂,应运而生的上下就要通过全新的设计理念,实现现代品牌与历史的交融。蒋琼耳喜欢这样一句话:"艺术家最后的局限不是技术而是自己的内心。"上下团队几乎所有的设计师都受过中西方文化艺术的双重熏陶,有着一致的设计态度、设计理念和共同的价值观。他们追求的不是一个简单的中国符号,而是东方神韵的现代演绎。他们希望每一件作品都给人来源于灵魂触碰的惊喜感,用一件物品传递一种情感,为生活带来禅意和舒适,这才是文化的力量,也必将赋予传统手工艺以新的生命。①

　　上下的名字蕴含着时间的概念,寓意中华上下五千年的文化积累,品牌要承上启下,传承中国文化及美学的精髓,并通过创新,将昨日之美引向今日和未来。上下与爱马仕一样,不断追求创新设计,执着于对材料和品质的严格把控,坚持着对上乘手工艺的承诺。品牌旗下每一件产品都选用上等的原材料,运用亚洲各国精湛的传统手工艺,精雕细琢,专注每一个细节,诠释着中国式的儒雅和热情。"爱马仕秉持着奢侈品品牌的发展理念,从一开始就控

---

　　①　王艺衡.让东方的雅致生活重返当代:访"上下"品牌艺术总监蒋琼耳[J].上海工艺美术,2013(2):8-10.

制品牌不要过度快速地发展,快速发展以后就会丧失稀有性,人们对这个品牌的了解和购买欲就会减弱。爱马仕家族在中国文化里播下了一颗新的种子,可能需要很长的时间才能生根发芽。"蒋琼耳曾这样谈起上下的理念。她还透露,上下在整个筹备的过程中,爱马仕没有强加过意见,充分给予中国团队自由发挥的空间。成为爱马仕奢侈品集团的一员后,上下也在用爱马仕多年的国际化运作经验来发展品牌,投入资金、渠道、媒体资源,但成效如何,仍然需要等待时间的检验。①

上下的产品

(图片来源于上下品牌官网)

二、上海滩(Shanghai Tang)

1994 年,香港慈善家邓肇坚的长孙邓永锵在香港中环开设了第一家名为"上海滩"的中式服装店。在国内经济稳步复苏之际,

① 卢曦. 中国奢侈品牌国际化[J]. 环球市场信息导报,2014(30):62-65.

他敏锐地看到了创立上海滩这个品牌已经具备的种种"利好"：改革开放为中国带来了数不清的商业机遇，传统东方美学正在重新影响西方世界，进出口贸易的便利让中国变成了西方奢侈品品牌的下一个造梦工厂，而数千年的传统文化对品牌来说代表着取之不尽的文化资源。上海滩致力于精工细作，品牌推出改良款的唐装、现代旗袍、中式马褂，颇具东方风情，在市场营销环节又擅用西方的推广模式，打出"东方遇见西方"的口号。上海滩一经问世，就吸引了一众西方消费者的目光。在西方人眼中，上海滩是中式风情的代表，兼具东方文化的神秘感和传统韵味。

但上海滩的发展并非一帆风顺。1997年，上海滩在纽约黄金地段开设了规模宏大的旗舰店，不料生意惨淡，最后以关店告终。不久后，全球第二大奢侈品集团历峰集团宣布收购上海滩，品牌的创始团队逐渐淡出了公众视野。之后，在历峰集团旗下运营的上海滩变得更加国际化，同时向香水、家居等领域延伸产品线，甚至跨界餐饮业，尝试开了上海滩餐厅。在完成收购后，历峰集团重新进行了客户定位，将目标市场定位于25—50岁的中高收入者，并在原有女装产品线的基础上加入了男装和更年轻的服饰系列，同时制定了长期的发展策略，但是消费者反响并不算强烈。的确，作为国际奢侈品品牌，上海滩只有不到40年的发展历程，还有很长的路要走。

其实，上海滩在被收购之前，整体业绩还算是比较瞩目的。它已经将店面开到了伦敦、纽约，还有新加坡等地，拥有了不同系列

上海滩推出的中式茶香系列香氛产品

（图片来源于上海滩品牌官网）

的服装产品线，还吸引了欧美的许多名流成为品牌的忠实客户。由于看中了上海滩品牌的成长历程，以及邓永锵本人在全球时尚界和社交圈的知名度，历峰集团精明地保留了邓永锵在香港总部的公司名称：TANG's Department Store Ltd. Co. 。尽管有许多负面的声音，但上海滩的成功之处依然可以给后来的本土奢侈品品牌一些启发，例如品牌的独特性和文化的真实性。在搭建产品服装线的时候，上海滩不仅继承了中国的传统文化，还迎合当代消费者的审美，融入了现代化的设计元素。譬如上海滩在服饰上经常使用双喜、双鱼、八仙、寿字、脸谱等具有吉祥含义的中国传统纹样，在细节处蕴涵着令各国顾客心驰神往的中国元素，但它又用西式的裁剪、面料和设计手法，加上国际化的流行色彩搭配，让上海滩的产品摆脱了成为"旅游纪念品"的俗套。

"为顾客制作在何时何地都能穿着的唐装"已成为上海滩的独

上海滩新推出的锦鲤花丝斜纹丝巾

（图片来源于上海滩品牌官网）

特理念。虽然站在历峰集团这个巨人的肩膀上,但上海滩还是缺少时间的沉淀。不过专家预计,随着中国奢侈品的消费群体逐渐壮大和中国传统文化的复兴,在一批有着明确品牌观念的人的执着追求下,源于中国的奢侈品品牌在国际舞台上大放光彩指日可待。①

---

① 余勇."上海滩"被收购的启示:中国服装奢侈品牌路在何方? [J].中国纤检,2009(2):42-43.

后 记

奢侈与时尚是一股强大的力量,在人类社会的变革中一直发挥着独一无二的推动作用。在古代中国、古埃及、古希腊和古罗马,奢侈品作为一个关键的社会元素,通过服饰和日常用品来映射社会等级,反过来又对政治、经济、教育和艺术等产生影响。文艺复兴时期的贵族们对奢侈和时尚的狂热追求,在某种程度上促进了社会生产力的发展。工业化初期,富有的美国和亚洲新贵会前往欧洲大肆购买奢侈品,这就催生了国际贸易和全球经济的扩张。传统的奢侈品时尚在今天依然以现代的方式盛行,并继续影响着我们的现代社会、经济和文化艺术等诸多领域。而奢侈品行业一路丰富自身价值,不断尝试从多角度创新,成功发展到现在,其秘诀在于品牌文化底蕴、天才创意和商业管理智慧的完美结合。在这个行业中,你会看到时尚界最好的设计、最优质的材料、最高级的商品和最精致的包装,因此,奢侈品品牌在全球时尚领域的引领作用一直十分明显。

作为法国第四大收入来源,同时也是意大利、西班牙、美国以及中国和印度等新兴市场最亮眼的行业之一,奢侈品在发展过程中,其自身的"奢侈"概念在本质意义上几乎没有什么变化,但随着奢侈逐渐应用于更多类型的产品,奢侈品的"大众化"和"民主化"可能是过去30年来奢侈品行业最大的改变。[①]　随着越来越多的奢侈品品牌进入美洲、亚洲等新兴市场进行商业扩张,时尚产业的全方位崛起为这些地区带来了商业繁荣,比如服装和配件零售业先后成为亚洲和拉美等地经济增速最快的行业之一。

　　高级时尚的贡献及其日益增长的产业也以前所未有的方式渗透到商业部门的其他方面。尽管时尚在我们的社会中有着巨大的影响力,但它仍然是十分主观的东西,从商业战略的角度对时尚进行分析,往往缺乏共识和客观评判标准。也就是说,对时尚的理性分析是一个近乎不可能完成的挑战,因为充满热情的时尚创意和冷酷的商业智慧一直被视为两条没有交汇点的平行线。在强调设计和创意的奢侈时尚领域,这种观点一度十分突出:商业,作为以营利为根本目的的事物,与奢侈品的专属属性和匠人精神存在着天然的矛盾。但是在破除阶级分层、贸易日渐全球化的今天,这样的矛盾已经可以忽略不计了,因为如今的奢侈品时尚行业需要复杂的管理技术来维持品牌高水平的创造力。奢侈品品牌在时尚管理与商业战略方面的快速发展,以及它与创意世界的平衡,是当代奢侈品品牌最大的价值所在。如果没有奢侈品品牌,时尚市场将

---

　　①　Okonkwo U. Luxury Fashion Branding：Trends，Tactics，Techniques[M]. Berlin：Springer,2016.

变得苍白无力。几乎每一个奢侈品品牌都是独一无二、耐人寻味的,其在新时代的蓬勃发展更像是一种声明:奢侈时尚为人们提供了一种生活理念,以及一种由深层心理和情感需求触发的生活方式。

　　奢侈品品牌引领的时尚文化也与现代电影、音乐、文学、艺术、体育和日常生活方式产生了前所未有的密切联系。当你翻看时尚杂志时,你会看到一系列奢侈时尚的广告,模特展示着五颜六色的产品,迷人图片刺激着你的时尚神经。当你打开电视时,你会不断地被电影、明星新闻和真人秀节目轰炸,这些触动了你渴望美丽、高级和被认可的天性。杂志和电视上那些时尚偶像不断向你展示他们的生活方式和物质财富,比如衣服和配饰,你所需要做的就是从合适的设计师那里获得相似的产品。然后,你开始渴望古驰手表、路易·威登包和香奈儿墨镜,更不用说周仰杰的鞋子或宝格丽的珠宝了。其他艺术领域里的名人偶像也会向你召唤:欢迎来到奢侈的时尚之地。早在 1899 年,凡勃伦就在他的著作《有闲阶级论》中承认,消费奢侈品是一种"明显的浪费"。事实是,作为人类,我们并不需要奢侈品来生存,但我们需要奢侈品来激发我们对自身和生活的整体知觉。这听起来可能有点不可思议,但奢侈与时尚所代表的是具有独特吸引力的品牌特征。在日常生活中,我们做出的大部分决定都是基于品牌,从早上使用的牙膏到早餐吃的麦片,我们开的车、使用的电子设备、用餐的餐馆……我们每天都在购物,因为我们相信所谓品牌的承诺。现在,把这种对基本消费品的信任带到更高层次的奢侈时尚,奢侈品品牌会重新塑造你的生活方式、定义你的身份,这就是奢侈品的意义所在。

奢侈品行业和消费市场的变化打破了一些关于奢侈品的旧观念。例如互联网在很大程度上改变了人们购买奢侈品的方式,也改变了消费者心理和对奢侈品的一些固有印象。现在的买家除了线上购买,还会通过 eBay 等网站进行二次出售,还可以从 bagborroworsteal.com 和 milaandeddie.com 等公司网站租赁奢侈品。这些新事物都给消费者带来了对待奢侈品的新态度,也给奢侈品品牌的管理和经营模式带来了更多挑战。奢侈品时尚行业的巨变包括快速的市场扩张和不断涌现出的品牌间的竞争。此外,奢侈品消费者的财富自由度和购物流动性的增加,以及新的大众奢侈品市场的出现,都在推动奢侈品行业的创新发展。21 世纪,可持续时尚、循环经济、二手奢侈品、体验式消费等,都逐渐成为行业的热门词语,这导致奢侈品市场的焦点从"开发产品"转向"抓住消费者"和"品牌竞争"。竞争激烈的商业环境要求企业通过不懈的创新,集中精力发展尖端战略。通过互联网购物、移动购物等新媒体接触消费者,对于奢侈品品牌来说,关键在于用它们的产品向消费者展示一些实质性的、有价值的东西,创造并维持品牌对消费者的吸引力。奢侈品消费者对品牌的强烈依恋往往是不合逻辑的,这就是专注于提升品牌价值的结果。品牌不应该像产品一样简单管理,因为它不是单纯的产品集合,而是一个整体性的概念:品牌为产品提供高级身份的来源。这种身份成为产品的一个跳板，被行业认可，最终根植于消费者的购物思维，这是吸引消费者购买奢侈品品牌产品的根本原因。

　　奢侈品的品牌之旅始于打造一个清晰的品牌概念和品牌标识，然后用同样清晰的品牌个性和品牌形象将其投射给消费者。消费者看到并理解，再通过感知和联想，在他们的脑海中形成对品牌的定位，这就是所谓的品牌份额，它会影响消费者未来的购买决策和对于品牌的忠诚度。整个品牌的概念（不仅仅是品牌形象）是奢侈时尚品牌财富的来源。当一个奢侈品品牌用它所有的独特品质使越来越多消费者对该品牌产生了持续需求，这个品牌就被称为高资产品牌，品牌资产转化为无形的品牌价值，即奢侈品公司最终因其强大的品牌实力而获得财务收益。由此我们可以认为，精心管理和培育品牌资产以保持品牌创造价值的能力，对于奢侈品品牌来说是非常关键的，而发展出行之有效的管理、创新、经营模式是一个艰难而漫长的过程，它需要一贯的综合战略、创新的技术、严格的管理控制和不断的审视改造。这就是为什么很少有新成立的品牌可以跻身真正的"奢侈品"行列。虽然很多品牌的目标都是要达到"奢侈和时尚标杆"的级别，每个有才华的设计师都渴望创建属于自己的奢侈品品牌，但只有少数品牌会获得最终的成功。成功的奢侈品品牌懂得如何通过坚定的品牌理念和强大的品牌定位，在传统和创新之间找到平衡。